Dans les geôles de Poutine

Alyosha Deminn

Dans les geôles de Poutine

Albin Michel

« Ni physiquement, par l'œil, ni intellectuellement, nous n'avions jamais tenté de regarder de l'autre côté ; or, c'est là justement que commençait le pays du Goulag, sous notre nez, à deux pas. »

Alexandre Soljenitsyne,
L'Archipel du Goulag

Avant-propos

C'est une chose importante que l'opposition politique en Russie. Ignorer les opposants russes, ce n'est pas simplement faire fi de la réalité, c'est aussi faire le jeu de Vladimir Poutine. Depuis l'émergence d'une véritable opposition à sa politique et à sa personne, le chef du Kremlin n'a eu de cesse d'agir. Il a fait le tri dans son entourage, il s'est débarrassé de ses proches critiques. Il a démembré la presse libre, intimidé les journalistes. Il a empêché des candidats politiques de se présenter face à lui ou à son parti, les a écartés des médias. Il n'a cessé d'étendre son champ d'action, il a réprimé toujours plus largement, plus durement et plus systématiquement ses opposants. Cette évolution se montre particulièrement dans ses discours. Là où hier encore il décrivait l'opposition russe comme « insignifiante » et « ridicule », il n'hésite plus aujourd'hui à la déclarer « dangereuse ».

Poutine ne craint rien, il est le barrage à l'Occident ! À l'instar des dirigeants de l'Union soviétique qui l'ont précédé, le président de la Fédération de Russie sait comment resserrer les rangs autour de lui. Il n'a pour cela qu'à jouer sur la plus vieille peur qui anime les Russes, celle des ingérences occidentales. La désignation de ses opposants comme « agents de l'étranger », « membres de la cinquième colonne », « traîtres à la patrie » ou encore « espions de la CIA » en est une parfaite illustration. En se positionnant comme le garant de la Russie traditionnelle, une Russie qu'il prétend attaquée de toutes parts, il contraint le peuple russe à la méfiance envers tout autre discours que le sien et le pousse à le défendre corps et âme. *Ceux qui veulent renverser Poutine… veulent en vérité renverser la Russie* : là est la principale propagande du Kremlin.

Ce danger fantasmé que représenterait l'opposition, cette menace fabriquée de toutes pièces et exposée par les médias aux ordres du pouvoir, lui permet de désormais réprimer au grand jour et de manière plus brutale encore la moindre marque ou vague de protestation. De l'extérieur, toutes ces manœuvres interpellent tant elles paraissent grossières. Mais de l'intérieur, c'est une tout autre histoire. Vladimir Poutine jouit toujours auprès d'un nombre considérable de Russes de cette image de sauveur, acquise lors de son accession au pouvoir à la toute fin du siècle dernier. Après neuf années de misère noire suite à l'effondrement de l'URSS et à la politique désastreuse menée par Boris Eltsine, il a réussi à mettre fin au chaos social et aux drames économiques qui étranglaient alors la Russie. Auprès du peuple russe, il s'est aussi présenté comme un *prosvechenny patriot* – un patriote éclairé – et a ainsi fini par acquérir de la majorité une confiance qui dépasse l'entendement.

Depuis 2020, les manœuvres successives et les changements de stratégie opérés par le Kremlin pour faire face à la contestation ont fait évoluer la problématique première des opposants russes. Le souci de l'opposition n'est aujourd'hui plus de *se faire entendre*, mais d'*être écoutée*. Dans cette Russie répressive, abreuvée de mensonges et désespérément isolée du monde, cette tâche paraît de plus en plus impossible. Pourtant, les opposants n'ont pas abandonné le combat. Ils continuent de manifester, de s'exprimer et de s'exposer, plus que jamais, aux représailles gouvernementales, aux dérives du Kremlin. Certains opposants sont ainsi quotidiennement intimidés. Descentes de police, mises sur écoute, appels anonymes, pertes d'emploi, menaces sur les proches. Quelques-uns sont piégés, d'autres empêchés. D'autres encore sont interpellés, maltraités physiquement, puis relâchés avant d'être de nouveau attrapés et encore maltraités. Ils peuvent être privés de liberté pour des raisons absurdes. Parfois, ils sont condamnés à des mois ou des années de détention.

Ces opposants sont plus ou moins connus.

Ce sont Alexeï Navalny, Lilia Chanysheva, Ilya Yashin. Ou Andreï Pivovarov, Alexandra Skotchilenko, Vladimir Kara-Murza. Et tous ces autres citoyens, ces Russes ordinaires épris de justice et de liberté, ces jeunes et moins jeunes ouverts sur le monde. Chacun d'entre eux a une histoire. Une histoire en cours comme celle de Dima, de Katya, de Sergueï, ou achevée comme celle d'Aleksandr, de Vova, d'Anya. Certains résistent, d'autres périssent de cette répression plus large, plus dure et systématique, mise en place par Vladimir Poutine. L'opposition russe a ses qualités, ses faiblesses, ses raisons et ses histoires. Des histoires individuelles et collectives, éloignées et proches, parfois courtes mais toujours humaines. Toutes sont importantes, comme l'est et le sera toujours l'opposition politique.

1

L'opposition

Il fut un temps où la roulette russe était le jeu le plus risqué au monde. Une balle dans le barillet. Une chance sur six d'y rester. Aujourd'hui, il est un jeu plus mortel encore qui se joue en Russie, un jeu qui ne requiert ni revolver, ni balle, ni totale inconscience, et qui consiste à remettre publiquement en question la politique menée par le chef de l'État. Quoi qu'il arrive, on y perd à chaque fois. Quelques membres de sa famille, certains amis. On peut aussi y perdre son avenir, y laisser sa liberté. Et à l'extrême, on peut y perdre son goût à la vie ou même sa vie. Six chances sur six de perdre quelque chose ou quelqu'un ; un jeu malheureux et nécessaire. Que d'aucuns se rassurent : on ne naît pas opposant politique. C'est le plus souvent par un concours de circonstances ou par la force des choses qu'on le devient, qu'on se retrouve à devoir choisir : passer outre ou agir, fuir ou faire. On adopte rarement ce choix consciemment. Il n'empêche qu'une fois fait, il n'y a pas de retour en arrière.

C'est lors de la « révolution blanche », aussi appelée

« révolution des neiges », que je suis moi-même devenue ce que l'État russe appelle une *opposante politique*. Le 5 décembre 2011, au lendemain des élections législatives qui ont vu Russie unie, le parti de Vladimir Poutine, remporter la majorité absolue des sièges, j'ai compris avec quelle grossièreté le pouvoir en place avait volé ces élections, avec quel culot surtout il avait cette fois opéré. Sites de médias indépendants mis hors service la veille et le jour du scrutin, menaces à l'encontre de journalistes d'opposition et de membres d'ONG, observateurs refoulés, bourrages d'urnes, bulletins falsifiés, votes multiples contre une rémunération, décomptes farfelus... Une fraude grotesque et publique. Il fallait alors être aveugle pour ne rien voir et idiot pour ne pas comprendre que tout cela n'était que les marques d'un retour en arrière dramatique. En modifiant d'abord la législation, Vladimir Poutine a placé les bases de son maintien au pouvoir. Comme à l'ère soviétique, il s'est ensuite appliqué à contenir les oppositions, au point de réimposer dans les faits un *parti unique*, Russie unie, une formation politique désormais indéboulonnable.

Les catastrophes ne tombent pas soudainement du ciel. Il y a toujours des signes annonciateurs. Une ou deux gouttes avant le déluge, quelques rafales avant l'ouragan, une légère agitation avant l'éruption volcanique. Cette farce électorale de 2011 fut un signe certain du déclin à venir, du retour à une autocratie absolue. Au lendemain de ce scrutin, et à l'appel du mouvement libéral Solidarnost entendu par hasard, je n'avais pu que me rendre sur le grand boulevard Tchistye Prudy dans le centre de Moscou pour alors dénoncer ce qui me paraissait être une honte, une véritable supercherie. J'avais là rejoint plusieurs milliers d'autres personnes, tout comme moi désœuvrées, pour marcher pacifiquement et exprimer mon mécontentement. Cette marche non autorisée n'alla pas jusqu'au bout. En rejoignant le siège de la Commission électorale centrale, les autorités décidèrent d'en finir en nous chargeant, nous frappant, nous dispersant pour certains, nous embarquant pour d'autres. Une violence gratuite qui m'a marquée au point de faire naître en moi le besoin de toujours m'opposer au régime de Vladimir Poutine, de faire barrage à Russie unie, de résister à la nomenklatura.

On *devient* opposant politique. Et alors on le reste. Malgré les intimidations, les insultes, les coups bas, malgré les répressions, les détentions et les condamnations, on continue à s'opposer, on ne quitte pas le jeu.

2

L'arrestation

Il y a des dates qui nous marquent plus que d'autres. La date d'une rencontre amoureuse, de l'anniversaire d'un être cher. Celle encore de la mort d'un proche ou de la guérison d'un autre. Des dates intimes, qui ne concernent souvent qu'une ou deux mémoires. Puis il y a des dates plus *grand public*, des dates qui touchent un peuple entier, qui marquent les esprits de plusieurs générations. Ainsi, nombre de gens se souviennent certainement où ils étaient le 11 septembre 2001 lors des attaques terroristes du World Trade Center et, pour les plus âgés, lorsque Youri Gagarine a conquis l'espace ou lorsque Neil Armstrong a marché sur la Lune. En Russie, la plupart d'entre nous se rappellent à coup sûr de ce qu'ils faisaient le 26 décembre 1991, le jour où l'URSS est tombée.

J'étais pour ma part à Voronej, enfouie sous une épaisse couverture, à grelotter dans le fauteuil familial. La veille, en jouant avec mon frère sur la rivière gelée qui court jusqu'à Tambov, j'étais passée au travers de la glace et j'avais eu le corps entièrement saisi. Je n'étais qu'une enfant, pourtant je n'ai pas oublié. Je me souviens de ce lendemain de frayeur, de ce jour particulier. La maison sentait encore le chou, maman en avait cuit la veille. Assises à la table du salon, elle et tante Ninia cousaient alors à la main quelques bords de pantalon. Elles ne parlaient pas. Elles écoutaient d'une oreille distraite la radio tout en jetant de temps à autre un œil sur moi, la pauvre enfant aux os gelés.

À l'époque, nous n'avions pas la télévision. Les programmes diffusés sur les ondes courtes nous offraient nos seules distractions. J'aimais assez cela, en vérité. J'aimais entendre ces musiques traditionnelles ou nouvelles, ces programmes variés. J'aimais aussi tous ces débats régionaux, écouter ces inconnus discuter, argumenter, presque s'étriper en direct. Je n'y comprenais pour ainsi dire rien, mais tous ces échanges qui volaient, qui fusaient de toutes parts m'amusaient beaucoup.

Ce jour-là, ce 26 décembre 1991, un flash spécial était venu chambouler le programme radiophonique. Si ma mémoire m'est fidèle, la station diffusait alors les titres à la mode, bruyants à souhait, de cette vague rock qui avait déferlé à l'Est au lendemain de la chute du mur de Berlin, deux ans plus tôt.

Au beau milieu d'un énième chaos d'AC/DC qui exaspérait certainement maman, un son aigu avait retenti avant qu'une voix grave ne résonne et lise un communiqué sans doute écrit à la hâte par un porte-parole du pouvoir. Encore une fois, je n'avais pas compris grand-chose. Mais j'avais tout de même saisi l'importance du moment. L'heure était grave. Avec toute l'attention et la concentration dont est capable une enfant de quatre ans, je m'étais dès lors employée à suivre cet événement. Avec maman et tante Ninia d'abord, puis avec papa parti en catastrophe de l'usine, puis avec mon frère et ma grande sœur revenus de l'école, et encore avec le grand-oncle Matveï, et plus tard avec quelques autres voisins. J'avais toute la journée tenté de comprendre ce renversement, toutes ces annonces, ces rectifications, ces retournements, ces différentes versions, comprendre surtout pourquoi cette détresse soudain palpable, pourquoi cette peur chez mes parents.

Dans la vie, on sait rarement quand une époque commence, mais on sait souvent quand elle s'achève : lorsque le cœur devient plomb, lorsque l'incertitude devient reine. Que cette époque fût rude, injuste ou scandaleuse, sa fin pourtant fait toujours naître quelques regrets chez celles et ceux qui l'ont traversée, expérimentée, parfois même combattue. C'est étrange, mais c'est ainsi. Aussi étrange que ces souvenirs que l'on en garde finalement, ces odeurs, ces voix, les réactions de chacun et les doutes ressentis, les peurs éprouvées.

Il y a indubitablement des dates différentes des autres, de celles qui nous marquent et qui nous changent. Certaines sont universelles, d'autres moins, inoubliables néanmoins pour ceux qu'elles concernent. L'une d'elles, remarquable pour moi, est le 23 janvier 2021. Elle est récente, sa trace est nette, son empreinte saillante. D'ailleurs, j'ai toujours un peu l'impression que ce jour se prolonge encore, qu'il s'étend toujours plus, que son dénouement m'échappe. Ce 23 janvier me reste à l'esprit, au travers de la gorge, et m'encombre ; un jour marquant.

C'était un samedi. J'étais à Vladivostok. J'avais rallié cette ville à la frontière de la Chine et de la Corée du Nord pour honorer une promesse faite quelques mois plus tôt au jeune fils de mon meilleur ami ; celle de lui restituer la crosse de hockey de son père tout juste décédé, une crosse que ce dernier avait un jour abandonnée chez moi. Par un malheureux concours de circonstances, je n'avais pas eu le temps de la rapporter au garçon avant qu'il ne déménage. Orphelin de mère depuis sa naissance, le petit avait été contraint de trop rapidement quitter la capitale et de rejoindre l'extrême-Est pour vivre chez une de ses tantes. Mais une promesse est une promesse. J'avais donc fini par faire le voyage.

La veille de ce 23 janvier, comme toute la Russie, j'avais entendu l'appel à manifester lancé à la suite de l'arrestation d'Alexeï Navalny à son retour au pays. Cinq mois après avoir été empoisonné puis soigné en Allemagne, Navalny avait été interpellé à l'aéroport Cheremetievo et immédiatement privé de liberté. Une arrestation abusive, une de plus, et un énième signe de la dérive autocratique du maître du Kremlin. Juste avant son arrestation, dans le hall de cet aéroport moscovite, Alexeï Navalny avait déclaré : « Ici, c'est chez moi… Je n'ai peur de rien et je vous appelle à n'avoir peur de rien » ; des mots qui ne pouvaient inviter qu'à l'action.

Loin de chez moi et de mes camarades, j'avais toutefois hésité une bonne partie de la nuit à m'exprimer.

Je ne m'étais décidée qu'au petit matin à rejoindre le point de rassemblement le plus proche de mon hôtel pour faire acte de présence, acte de résistance. D'aucuns pourraient penser que manifester en Russie ne sert à rien. Mais ne pas manifester sert encore moins. Décidée, je m'étais donc mise en route, puis en quête d'autres manifestants, que j'avais bien vite et facilement trouvés.

Malgré le froid et la tension, des milliers de Russes, de différents groupes sociaux, jeunes et moins jeunes, étaient eux aussi sortis dans les rues pour afficher leur mécontentement. Qu'ils soient opposants de la première heure, partisans de Navalny ou simplement las des dérives du Kremlin, ils avaient osé braver l'hiver, s'exposer au grand jour et montrer leur colère face à l'inertie et aux régressions.

Les Russes, depuis toujours, marchent à l'espoir ou à la colère. Avec l'espoir, ils peuvent hisser le pays au sommet. En colère, ils sont capables de le pousser vers les abîmes. Est-ce la crainte de voir la Russie sombrer dans le néant qui poussa finalement les autorités à verser dans cette répression inédite depuis la fin de l'URSS ? Je l'ignore. Mais jamais de ma vie je n'avais vu vague aussi violente déferler soudain. Alors que nous déambulions toutes et tous pacifiquement sur la Svetlankaïa depuis deux bonnes heures, le monde bascula dans le chaos. Les officiers casqués de l'OMON, ce « détachement mobile à vocation particulière » du ministère de l'Intérieur, déboulèrent en nombre des entrailles de Vladivostok puis nous encerclèrent ; un ballet sans grâce, indigne de la Russie. Et ce qui suivit le fut tout autant.

Une bruyante charge, quelques minutes d'une violence rare, et le plus gros de l'affaire fut réglé.

Je me revois encore l'instant d'avant, quand j'inspirais l'air froid de Vladivostok, et celui d'après, alors que je suffoquais dans un fourgon surchargé. L'absence de sommation, l'utilisation démesurée de la force et de contraintes : des méthodes qui n'ont pas leur place dans une société juste, mais que le régime de Poutine a remises au goût du jour, et même légitimées pour étouffer toute contestation.

L'histoire est-elle vouée à se répéter sans cesse ? En Russie cela semble être le cas. Les époques se suivent et, au fond, se ressemblent, comme si la société russe était simplement incapable de se débarrasser de ses démons.

À Vladivostok, ce samedi 23 janvier 2021, et une fois enfermée dans ce fourgon de police avec d'autres malchanceux, c'est à l'ancienne époque que je pensai finalement, à cette époque soviétique et à mon grand-oncle Matveï, à mon grand-père et à tous ces autres qui, dans leur jeunesse, avaient eux aussi expérimenté ces répressions domestiques.

Entre 1976 et 1984, mon grand-oncle Matveï avait été arrêté seize fois. Je le sais, car c'est avec un certain plaisir qu'il m'avait raconté chacune de ses arrestations ; avec plaisir, fierté et nombre de détails, au grand dam de maman. Pour avoir protesté, refusé de rentrer dans le moule, de devenir ce parfait citoyen soviétique pensé, façonné, dirigé par Brejnev, son Politburo et sa nomenklatura, mon oncle avait en son temps subi nombre de charges policières, d'intimidations, de pressions, et reçu multitude de coups. Un parfait miroir de notre temps. Au début des années 1980, les dissidents politiques avaient l'habitude de décrire leurs contestations comme « les nuits les plus sombres avant l'aube ». Quarante ans plus tard, force est de constater que l'aube ne s'est toujours pas levée.

À travers la Russie, ce 23 janvier 2021, plus de 160 000 personnes se sont rassemblées pour dénoncer l'arrestation d'Alexeï Navalny et ont protesté contre les dérives du Kremlin. Au cours de ces rassemblements, près de 3 000 d'entre elles ont été interpellées. Rien qu'à Vladivostok, c'est plus de trois cents qui ont été arrêtées. La Russie de Poutine ne fait pas dans le détail.

3

Le procès

Mon procès eut lieu le 17 mars 2021. Si ma grand-mère maternelle avait toujours été de ce monde, elle aurait célébré ce jour-là son quatre-vingt-sixième anniversaire. Une chance que Dieu l'ait rappelée à lui l'année précédente, car je ne doute pas que ce spectacle pitoyable l'aurait anéantie. Quelques semaines plus tôt, à la suite de mon arrestation à Vladivostok, j'avais été inculpée pour manifestation non autorisée, et finalement assignée à résidence.

Le reproche le plus courant fait à la justice par les peuples du monde est sa lenteur. Qu'il soit français, thaïlandais ou américain, un justiciable, lorsqu'il doit y faire face, souffre toujours de la lenteur de l'appareil judiciaire. La plupart du temps, elle s'explique par le manque de moyens ou de personnel qualifié pour rendre en temps et en heure un verdict. En Russie, cette lenteur n'est souvent pas la conséquence d'un manque, mais une volonté politique. La justice russe ne traîne pas. Elle prend simplement son temps. Elle le prend pour fouiller, explorer, disséquer la vie d'un inculpé, pour éclairer le moindre de ses défauts, exhumer le plus petit de ses écarts.

Lorsque l'inculpé est un ennemi du Kremlin, le temps de l'instruction est encore prolongé. Il ne s'agirait pas de passer à côté de quoi que ce soit.

Chez moi, l'on a toujours eu coutume de dire qu'un dissident politique était arrêté pour un délit et condamné pour dix crimes. Une idée que j'ai moi-même, et plus d'une fois, pu vérifier. Sous Brejnev, mon grand-père paternel avait été arrêté pour avoir « arraché ou corrompu des affiches à la gloire du régime soviétique et pro-Parti unique », autrement dit pour vandalisme. Une nuit dans la cellule d'un poste de police, un transfert dans un *psikhushka* – un hôpital psychiatrique – dans l'attente de son procès, qui n'arriva que quatre mois plus tard. Quatre mois d'investigations, de fouilles, quatre mois de fabrications, d'inventions, de constructions de preuves, pour aboutir à une condamnation disproportionnée, une condamnation pour tout sauf pour vandalisme, une condamnation à deux ans de camp de travail.

Plus de soixante ans plus tard, la justice russe fait encore preuve des mêmes méthodes. La Russie de Poutine est conservatrice. Le 17 mars 2021, j'appris par le biais de mon avocat qu'outre ma participation à cette manifestation non-autorisée, la justice me reprochait d'avoir antérieurement à ce fait enfreint la loi une multitude d'autres fois. En deux mois, une poignée d'enquêteurs zélés avaient ainsi mis au jour des preuves et des indices suffisants pour m'accuser d'avoir, entre autres, contrevenu à la loi fédérale n° 135-Ф3 interdisant toute propagande homosexuelle, et d'avoir offensé le sentiment religieux des croyants. En fouillant mon passé, ils avaient apparemment mis la main sur des textes que j'avais rédigés et publiés plus tôt, des textes parlant de manière positive du mariage entre gens du même sexe – un acte on ne peut plus scandaleux dans la Russie ultraorthodoxe de Poutine.

Captures d'écran à l'appui, mon représentant avait également été informé d'une accusation pour diffusion de propos offensants. J'étais accusée d'avoir quelques années plus tôt, au cours d'une des « Lectures Maïakovski » – lectures publiques de poésie sur la place Triumfalnaïa de Moscou –, récité publiquement quelques vers « à caractère insultant ou obscène envers les autorités moscovites ». Un comble, s'il en est, lorsqu'on sait la raison même de ces rassemblements.

Créées à la fin des années 1950, ces « Lectures » ont toujours visé à offrir aux dissidents politiques une tribune pour leur permettre de s'exprimer et contester, sur la place publique, l'ordre établi. Interdits trois ans après leurs créations par Khrouchtchev, ces rassemblements ont repris en 2009. Chaque dernier dimanche du mois, au pied de la statue de l'illustre poète futuriste, des dizaines de jeunes gens se retrouvent pour citer, réciter leurs propres créations ou des classiques devant une foule plus ou moins fournie.

Quels vers avais-je alors moi-même récités, je ne m'en souviens pas. Mais la Russie de Poutine est susceptible. Elle n'aime pas qu'on souligne ses travers. Pour preuve, et pour tenter de s'en préserver, elle a fait passer en

2014 une loi bannissant les insultes dans les arts et les médias. Quelles insultes sont précisément visées, nul ne le sait vraiment. Il en est à chaque fois laissé à l'appréciation des autorités et d'un panel d'experts en obscénités. Mais d'aucuns savent que toute critique de l'État est obscène aux yeux du Kremlin.

Avec cela, les fins limiers du ministère de la Justice avaient encore découvert sur mon compte telle ou telle autre entorse à la loi. Pour l'ensemble de mon œuvre, j'échouai donc enfin dans un box des accusés d'une salle d'audience du tribunal de Tverskoï. Mon procès, longtemps attendu et d'autant redouté, n'allait guère durer. Je ne me faisais aucune illusion. Je savais que mon sort était déjà scellé, que ma peine avait été décidée plus tôt, ailleurs et par d'autres. Reste que cela ne m'empêchait pas de sombrer. Je croulais même sous le poids de la fatigue, de l'impatience, de l'exaspération et de la colère ; sous le poids de cette absurdité qui écrase tout et tout le monde, qui écrase la Russie tout entière depuis des années maintenant.

Dans ce box de quatre mètres carrés dont la vitre déformait les visages que j'apercevais au-delà, je m'employai vigoureusement à conserver mon calme. C'était une lutte de tous les instants, mais je ne pouvais lâcher. Il n'y a rien de pire, face à la justice russe, que de montrer ses faiblesses.

Faire face à la justice est une expérience unique. Chaque accusé la vit différemment. Et d'une façon toute particulière s'il est innocent. Tout du moins, s'il l'est de ce qu'on lui reproche. Car il va sans dire que personne n'est jamais entièrement innocent. Je ne connais d'ailleurs pas un seul opposant politique qui se targue de l'être de tout. Il n'empêche, les reproches que certains font aux dissidents russes sont souvent malvenus.

Combien de fois n'ai-je entendu de la bouche d'un Occidental qu'un tel « en situation de pouvoir ne serait pas mieux », qu'une autre « ne respecte rien ni personne », que certains « sont de véritables criminels », que d'autres encore « n'ont aucune morale ». Et des reproches sur des déclarations passées, sur des changements d'opinion.

Mais c'est oublier qu'on dit tous des conneries, qu'on fait tous des erreurs.

Le pire reste selon moi la propension de beaucoup à croire sur parole les accusations de la justice russe. Tel élément de preuve exposé par un enquêteur en fait forcément une réalité, et ce quand bien même cela n'a aucun sens. La longue tradition du *kompromat* en Russie – ces dossiers compromettants fabriqués de toutes pièces – ne semble pas éveiller les doutes.

Le jour de mon procès, en découvrant l'étendue des charges qui pesaient contre moi et tous ces improbables détails collectés pour me nuire, c'est accablée et plutôt écœurée que je me retrouvai face à mes adversaires plus nombreux, plus forts, mieux organisés et mieux préparés. Ils possédaient aussi des armes, certes ridicules, mais tranchantes. Mon impuissance m'exaspérait. Par chance, et bien malgré lui, le juge en charge de mon dossier, un dénommé Kourkov, m'aida à ne pas sombrer. À la manœuvre depuis mon arrivée dans cette salle d'audience, ce haut magistrat et fidèle serviteur du Kremlin distillait sa partie d'un ton si monocorde qu'il endormait un peu mon angoisse autant que le public présent, une audience alors clairsemée.

Des procès comme le mien ne sont plus rares en Fédération de Russie. On sait à présent que la justice en abuse souvent pour remplir les caisses de l'État. Une manifestation non autorisée, ce pour quoi j'avais été initialement inculpée et ce pour quoi je comparaissais en théorie ce 17 mars, n'a toujours été qu'une simple infraction administrative. Elle expose le contrevenant à une amende variant, selon l'humeur du pouvoir et l'état des finances du pays, de 10 000 à 300 000 roubles. Guère de quoi, donc, attiser la curiosité ou la furie des foules.

Dans ce public, il n'y avait certainement personne curieux de mon affaire. Il est fréquent, lors de procès d'opposants, que des partisans du Kremlin assistent aux audiences, mais là ils étaient soit en avance pour soutenir un proche, soit en retard pour narguer un adversaire. Ils s'endormaient par conséquent sans mal. Reste que le juge Kourkov, loin de ces constats qui étaient alors les miens, parlait bel et bien sans relâche mais sans nuance, et me soulageait ainsi de mes troubles. Je l'écoutai finalement d'une meilleure humeur arpenter notes et dossier, commenter à haute voix le moindre mot qui attirait ses yeux. La comédie était lente, l'acteur principal, mauvais ; la pièce était d'un profond ennui, mais elle se laissait suivre. C'était au moins cela, pensai-je. Dans l'assistance, après une demi-heure, cet ennui provoqua quelques réactions. Dans les premiers rangs, une dizaine de spectateurs commencèrent à bâiller, d'autres à chuchoter. Mais le juge, lui, ne cilla pas. Comme s'il était seul sur scène, seul en salle, il continua à dérouler sa partie.

De nouvelles notes, un nouveau dossier. Je bâillai à mon tour. Ce rythme avait certes le don de calmer mes sursauts, mais cette comédie n'avait déjà que trop duré. Le haut magistrat réagit-il à mon humeur ? Je l'ignore, mais il passa la parole à sa voisine, une jeune juriste à la voix haut perchée qui entreprit d'énumérer, sur un rythme beaucoup plus rapide et dur, tout ce que la justice me reprochait précisément – tout ce dont mon avocat avait d'ailleurs été informé. Et moi de soudain me demander si j'avais vraiment fait tout ce qu'elle prétendait. Sans aucun doute. Oui, j'avais manifesté mon soutien à cet opposant politique jadis empoisonné. J'avais par le passé et à plusieurs occasions aussi manifesté mon mécontentement. J'avais tout autant publiquement critiqué telle ou telle action du Kremlin. Et oui encore, j'avais écrit qu'un Russe était un Russe, qu'importe sa religion ou son orientation sexuelle. Oui, à l'évidence, j'avais ainsi offensé quelques étroits d'esprits, croyants ou non, par mes propos. Mais étais-je pour autant coupable de quoi que ce soit ? Je ne pouvais le penser.

Être coupable, c'est commettre une faute. Commettre une faute, c'est manquer à son devoir. Je n'avais certainement pas à ces occasions, ni même jamais, manqué à mon devoir humain. Avec une patience que je ne me connaissais pas, je continuai dès lors à prendre sur moi. La fin de cette farce était proche, je la sentais venir. À l'extérieur de la salle d'audience, un brouhaha venait juste de naître. Sans doute l'inculpé suivant était-il arrivé et attendait son tour. Le juge Kourkov le remarqua lui aussi. Je le devinai lorsqu'il interrompit la juriste pour me demander ce que je souhaitais plaider. Mon unique droit à la parole m'était donné, je pris le temps de l'apprécier.

Quelques secondes avant d'être jetée dans ce box et que cette comédie ne débute vraiment, mon avocat m'avait dit de tenir ma langue. « Ne dis rien, ne montre rien, ne sois rien ! » m'avait-il soufflé ; une recommandation brutale mais vitale. Elle m'avait d'ailleurs dans une certaine mesure rappelé une des règles d'or que m'avait enseignées papa : « Dans la vie, il faut toujours bien parler, bien écouter, viser juste et courir vite. »

Comme quoi, souvent, l'essentiel est simple comme bonjour.

Mon droit à la parole apprécié, je plaidai finalement coupable, non par conviction, mais comme entendu avec mes représentants judiciaires qui, à l'extérieur du box, me soutenaient du regard. De toute façon, je n'avais guère le choix. La question était posée pour la forme uniquement, autant que l'était ma réponse. Je plaidai donc coupable sans envie mais sans crainte non plus. La loi fédérale était pour moi claire, je ne m'exposais qu'à une amende. Tout du moins si cette loi était respectée à la lettre. *Qui ne respecte la loi de son pays ne respecte pas son pays* : c'est là une vérité universelle. Mais quid si son pays ne respecte pas sa propre loi ? Voilà bien une question qui ne me quitte plus.

Ce 17 mars 2021, dans cette salle d'audience du tribunal de Tverskoï, et malgré la loi, le juge Kourkov décida de me priver de liberté. Ma surprise, forcément, fut totale, comme celle de mon avocat, de son conseiller et des quelques spectateurs qui ne s'attendaient certainement pas à ce coup de théâtre. Interdite, je les scrutai toutes et tous par-delà la vitre claire. Je croisai quelques regards déformés, quelques mines incrédules. Mon avocat, qui en avait certainement vu d'autres, ne put s'empêcher d'afficher un profond étonnement. Il n'y comprenait à l'évidence plus rien. À cette histoire, déroulée depuis quarante minutes, pas plus qu'à l'institution de la justice ni au droit russe qu'il avait pourtant passé sa jeunesse à étudier, sa vie à disséquer.

Incompréhension, doutes, perdition ; le naufrage fut total et violent.

Mon avocat tenta bien d'objecter, mais sa riposte tomba à plat. Il était lui aussi là pour la forme et la forme uniquement. On touchait à l'absurde. La débauche de moyens pour dérouler toutes ces farces judiciaires m'a toujours profondément scandalisée. La justice coûte cher, quand bien même elle est parodiée. Quel gaspillage d'argent public ! Encore aujourd'hui, à chaque nouveau « procès » d'opposants politiques en Russie, je ne peux m'empêcher d'intérieurement bouillir. Et plus ils évoquent le passé, plus ils nous ramènent inlassablement vers les heures sombres du pur soviétisme.

Sous Staline, on y trouvait les mêmes ingrédients.

Outre les trois tristement célèbres « procès de Moscou », des centaines d'autres farces impliquant des dirigeants locaux et appelées « procès agricoles » ont occupé le quotidien de la Russie profonde tout au long des années 1930 et de la Grande Terreur. Il y allait de la nécessité et de l'ordre, du spectacle et de l'apprentissage. Soigneusement fabriqués, ces procès visaient à donner matière à réfléchir au petit peuple, à le faire naturellement rentrer dans le rang. Et qu'importe si les accusés étaient innocents, qu'importe s'ils allaient être, pour la cause et l'exemple, fusillés ou déportés en camp. Pour la cause, pour l'exemple, pour la nécessité et l'ordre : des raisons absurdes qui guident certainement aujourd'hui et à son tour le maître actuel du Kremlin.

Dans la salle d'audience de Tverskoï, en ce jour de mars 2021, un vacarme naquit forcément de l'annonce du juge Kourkov. Les quelques-uns qui étaient au spectacle ne purent retenir leur surprise, leurs impressions et autres commentaires. Dans mon box, je perçus quelques remarques, étouffées. Cette sentence m'avait immédiatement plongée dans un étrange brouillard qui ne cessait plus de s'épaissir. Lorsque le ridicule touche à l'absurde, notre monde s'effondre. Et l'on se retrouve au milieu d'un chaos, entouré de débris, à chercher les morceaux, à tenter encore de les rassembler pour peut-être sauver ce qui peut l'être encore. Après l'effondrement que je venais tout juste de vivre, c'est le premier réflexe que j'eus. Je rassemblai mes idées, cherchai à comprendre et tentai de trouver une explication rationnelle à tout cela.

Le fait est que bien qu'accusée d'une multitude d'infractions, ce procès n'avait exposé les preuves irréfutables que de ma participation à la manifestation non autorisée de janvier 2021. Le reste n'avait été que dénigrements, suppositions ou conjectures. J'avais néanmoins connaissance de l'introduction en 2014 de la loi Dadine sanctionnant les violations répétées des règles relatives aux rassemblements publics – une loi punissant d'une peine de prison quiconque est interpellé à trois reprises pour manifestation non autorisée. Je savais donc que la justice condamnait de temps à autre les manifestants pour mieux les menacer plus tard de prison. Les autorités plaçaient ainsi une épée de Damoclès au-dessus de la tête de certains opposants, une épée pour refréner leurs actions futures et faire réfléchir les autres. Mais je n'avais dans ma vie été arrêtée que deux fois pour rassemblement interdit. Deux fois, pas trois.

Mon avocat, je crus l'entendre dans le brouhaha général, exposa cet état de fait. Je ne pouvais être emprisonnée, aucune loi ne l'indiquait. Mais à l'évidence, la Russie de Poutine ne se conforme pas à la loi, c'est la loi qui se conforme à la Russie de Poutine. Sans se départir de son ton monocorde, et sans la moindre hésitation, le juge Kourkov daigna tout de même offrir un semblant d'explication. Après avoir sifflé pour obtenir le silence, il évoqua ma dangerosité – *quelle ironie* – et l'impérieuse nécessité pour le ministère de me placer en détention pour un mois.

Expliquer l'inexplicable est au mieux ridicule pour celui qui s'y engage, au pire révoltant pour celui qui l'écoute. Et davantage lorsque c'est fait de manière si légère et effrontée. La justice russe venait sans la moindre gêne de reconnaître qu'elle avait transformé mon *procès* en spectacle de foire et une condamnation financière logique en une peine de prison ferme. Elle avait en vérité décidé de me priver de liberté sur la base de simples soupçons, l'hypothèse que j'aurais commis dans le passé un ou plusieurs véritables actes illicites dont elle soupçonnait l'existence seulement parce qu'elle m'avait au préalable jugée capable du pire. Une situation risible, certainement. Une aberration sans nom, aux précédents, hélas, déjà nombreux.

La décision étant sans appel, je lâchai cette fois complètement prise.

En un instant, tout par-delà la vitre devint flou et le vacarme disparut. Je me retrouvai seule au milieu d'un monde dégradé et trouble, détruit par trop d'abus. En Russe que je suis, et en condamnée certainement, c'est alors forcément à Alexandre Soljenitsyne que je pensai ensuite. Je pensai à lui et à son *Archipel du Goulag* que j'avais jadis lu trois fois, une fois par devoir, une autre par respect et une dernière par nécessité. J'y pensai et me souvins de ce passage, de son propos sur l'arrestation, propos que je ne pouvais désormais m'empêcher de ramener à ma condamnation, et qui est :

« L'arrestation ! Est-il besoin de dire que c'est une cassure de toute votre vie ? La foudre qui s'abat sur vous ? Un ébranlement moral insoutenable auquel certains ne peuvent se faire, qui basculent dans la folie ? »

4

L'escorte

Zagon : l'enclos à bétail. C'est ce mot qu'utilisa la magistrature au terme de mon procès pour nommer ma destination. Ce n'était en rien un terme officiel. Il n'était que le reflet de cette justice dégradée et des tendances barbares de ses représentants. Avant ce 17 mars, je n'avais entendu qu'une seule personne utiliser ce mot, mon grand-oncle Vania au fin fond de la campagne russe, dans sa Khakassie natale. Il l'utilisait alors comme un ordre, l'ultime, à ses bêtes pour qu'elles se dirigent mieux et plus vite vers le grand pacage, là où elles allaient être tantôt vendues, tantôt tuées. Au *zagon* prenait toujours fin leur liberté dans les espaces infinis du sud de la Sibérie centrale, une liberté chère pour toute créature de la Terre.

Quelle sorte d'enclos allais-je moi-même bientôt rejoindre, je n'en avais pas la moindre idée. J'avais depuis longtemps connaissance, comme nombre de mes compatriotes sans doute, de l'existence des *camps de Poutine*, ces lieux de détention réservés aux opposants du maître du Kremlin et qui ont vu le jour huit ans plus tôt. Mais où étaient-ils situés et à quoi ressemblaient-ils, je n'en savais rien. Rares sont ceux qui, une fois revenus, racontent. Encore plus rares sont ceux qui sont écoutés.

En sortant du tribunal, escortée par trois officiers cadets, je tentai d'imaginer au mieux ce lieu de détention. Et tant qu'à faire, sous son meilleur jour. Je l'imaginai ainsi d'abord posé au milieu de nulle part, sous un ciel bleu azur, entouré de verdure et balayé par les vents. C'était un délire, je le savais très bien. Un *zagon* de l'État ne pouvait être comme cela. Un camp de Poutine encore moins. Il ne pouvait être qu'encerclé de hauts murs, alourdi par un toit, gris, austère et hermétique. Il ne pouvait être qu'au plus loin du regard de Dieu. Mais je me refusais encore de le concevoir ainsi. Il me restait quelques instants de relative liberté. Je voulais par-dessus tout en profiter.

Avant de me rendre à l'évidence autant qu'à la captivité, je fus escortée jusque chez moi pour récupérer quelques affaires. Le détour fut rapide, la halte plus brève encore. Mais je les savourai pleinement.

Entre le tribunal de Tverskoï et mon lieu de résidence d'alors, planté dans le quartier Dorogomilovo, non loin du parc de la Victoire, s'étendent moins de dix kilomètres. Avec le trafic, je gagnai un quart d'heure de plus ; une bénédiction. Une fois arrivée sur place, je reçus l'ordre de ne pas m'éterniser. J'attrapai le premier sac venu, ramassai quelques vêtements qui traînaient sur une chaise ou une autre et les bourrai dans mon paquetage de fortune. Je saisis telle ou telle autre chose, sans y prêter attention. Je savais que je ne remettrais plus les pieds ici avant longtemps. Je m'employais à balayer du regard l'intérieur de mon appartement pour apprécier une dernière fois tous ces objets qui m'étaient chers : les photos sur le mur, le dernier dessin de mon neveu sur la porte du frigo, l'écureuil en porcelaine sur l'étagère, les quelques plantes vertes et autres cactus qui égayaient les lieux… Je regardai chacun de ces objets jusqu'à ce que mon escorte s'irrite et me presse de nouveau.

Quitter son chez-soi pour un ailleurs fait toujours un peu peur. Le faire dans de telles conditions terrifie. J'avais déjà vécu un départ forcé. Un exil contraint. Près de vingt-deux ans plus tôt, au milieu de la nuit du 3 au 4 novembre 1999, maman nous avait réveillés en catastrophe, ma sœur, mon frère et moi, en nous ordonnant de faire chacun un sac, de ne prendre que le nécessaire, et surtout de ne pas traîner. Nous avions obtempéré, toujours à moitié endormis. Sans doute étions-nous encore convaincus de simplement rêver.

Je me souviens que ce n'est qu'à l'arrivée de tante Ninia que nous avions réalisé la gravité du moment. La semaine précédente, papa avait été arrêté lors d'une grève dans la fabrique Salik, un mouvement de protestation qui n'avait que trop duré au goût des autorités et qui était surtout très mal tombé.

L'année 1999 reste comme une période charnière dans l'histoire de la Fédération de Russie. Elle a marqué la fin de Boris Eltsine et l'arrivée au pouvoir de Vladimir Poutine. Cette année-là fut aussi et surtout marquée par une série d'attentats à la bombe à Moscou, Volgodonsk et Bouïnaksk, des attaques terroristes très vite attribuées aux indépendantistes tchétchènes, et qui ont mené à la seconde guerre de Tchétchénie.

En quelques heures, la Russie avait basculé dans l'horreur, puis dans la vengeance et dans la répression ; un début fracassant du dirigeant Poutine. J'avais presque douze ans. Je m'en souviens encore.

La grève chez Salik, qui avait conduit papa à la détention, avait débuté le 30 septembre et s'était achevée le 27 octobre. En même temps, et à plus grande échelle que dans le petit quartier des fabriques de Voronej, il y avait eu le déferlement de cent quarante mille soldats russes en territoire tchétchène, la prise rapide des plaines du Nord et le bombardement du centre de Grozny, de ses rues, de son marché et de sa maternité.

À l'époque, l'un des frères de papa, l'oncle Ïegor, vivait en Tchétchénie, non loin de l'Argoun. Ce n'était en rien un partisan. Depuis ma naissance, le plus jeune de mes oncles avait dû déménager une bonne vingtaine de fois. Il avait ainsi vécu quelques mois dans le Daghestan, d'autres près de Krasnodar, d'autres encore en Ossétie du Nord. Il avait aussi passé un hiver à Okhotsk, un autre à Irkoutsk. Il s'était posé à Tomsk avant de se perdre du côté de Norilsk. Plus tard, il avait déménagé à Anadyr puis dans le Kamtchatka. L'oncle Ïegor était au mieux un nomade, au pire un vagabond. Mais en aucun cas il n'était un terroriste. Reste que pour la Russie de Poutine, alors déjà en toute fin de gestation, mon oncle en Tchétchénie ne pouvait être à ce moment de l'histoire qu'un traître, et notre famille en Russie, complice. La suite le prouva.

Les autres grévistes de la fabrique Salik, arrêtés en même temps que papa, furent relâchés les uns après les autres dans les vingt-quatre heures suivant leur interpellation. La détention de papa fut, quant à elle, prolongée. Dans son sac à l'intérieur de l'usine, les hommes aux ordres du Kremlin avaient retrouvé tout un tas de petites pièces détachées. Des vis, des grilles, des boutons, quelques fils. Il s'agissait du grille-pain de la maison, que papa s'acharnait à réparer pour la dixième fois cette année, et de celui de tante Ninia qu'il avait démonté pour comparer. Tout un tas de pièces désassemblées. Des pièces, des fils qui, avec l'oncle Ïegor en Tchétchénie, et avec la Tchétchénie tout entière désormais suspectée de terrorisme, poussèrent apparemment ces esprits paranoïaques à croire qu'il fabriquait une bombe. Après tout, et bien qu'il n'ait jamais mis les pieds dans le Caucase du Nord, il avait eu des contacts réguliers avec la République tchétchène. Il y avait aussi envoyé parfois de l'argent. À son frère, certes. Mais de l'argent tout de même. En outre, il n'était pas un « vrai Russe ». Il était né de parents dolganes, il était un descendant de ce peuple étrange de Sibérie profonde, éleveur de rennes et chasseur-pêcheur. Tout cela combiné était bien suffisant pour le juger coupable.

Je me suis souvent demandé comment les choses se seraient déroulées si papa était simplement né à Moscou de parents bien blancs et bien orthodoxes. Sans doute mieux. S'il est une chose que Poutine et ses plus loyaux serviteurs ont toujours considérée comme vérité, c'est bien que toute terre est Russie, mais qu'eux seuls sont de vrais Russes. Quoi qu'il en soit, les autorités qui détenaient alors papa s'étaient elles-mêmes convaincues du pire à son sujet et avaient agi en conséquence.

Le 29 octobre 1999, il fut ainsi transféré du poste de police local vers une *vytrezvitel* – une station de dégrisement – de l'oblast d'à côté, en attente d'une cellule plus appropriée et d'un procès. On dit souvent qu'à trop s'enfoncer dans le chaos, on finit toujours par s'y perdre. C'est pourtant ce qui sauva finalement papa. Retenu prisonnier dans cette *vytrezvitel* au milieu d'ivrognes en décompression, il profita d'une bagarre générale pour s'évader. Face à la folie et au manque de discernement qui s'étaient emparés de la Russie, il n'avait eu d'autre choix. Il s'enfuit sans se retourner, rejoignit mon grand-père, qui le conduisit illico en Arménie avant de revenir à Voronej dans la nuit du 3 au 4 novembre nous chercher.

Je garde de ces derniers mois de l'année 1999 une incompréhension profonde, et de cette nuit de fuite un sentiment d'urgence dont je n'ai jamais su me défaire. Dans la vie, il est douloureux de se sentir abandonné et tout autant d'être contraint à l'abandon. Dans ce cas, on se sent plus perdu encore, impuissant et écrasé. On se sent aussi à la fois retenu et attiré ; retenu par ce passé que l'on connaît mais qui nous condamne certainement, attiré par cet avenir que l'on ignore mais qui nous ranimera peut-être. Ce départ forcé, cet exil contraint déboucha sur quatre ans d'errance en Europe de l'Ouest.

Au cours de ces quatre années, papa ne nous exprima que des regrets. Je l'entends encore me dire qu'au cours d'un exil l'on égare toujours son cœur. J'ignore si c'est vrai. Mais l'on perd certainement bien des choses en chemin ; son innocence, déjà, et nombre de ses certitudes, que l'on ne retrouve plus jamais. De retour dans le fourgon de police, de nouveau contrainte de quitter précipitamment mon chez-moi, je me retrouvai terrifiée et perdue. D'autant que je savais cette fois que je quittais la liberté pour l'enfermement, le confort pour la rudesse.

J'en eus d'ailleurs rapidement un avant-goût. Dès la première accélération du véhicule, je glissai sur la banquette et heurtai la porte. Et je réalisai que c'était la première fois que je me retrouvais seule à l'arrière d'un fourgon.

Lors de ma première arrestation en 2011, nous nous étions retrouvés à huit dans cet espace. Lors de la deuxième en 2021, nous avions été onze à le remplir. Ces deux fois-là, j'avais presque étouffé par manque d'air. À présent, je me sentais simplement écrasée par son abondance.

Le mauvais état de la route et les virages successifs n'arrangèrent rien. J'étais ballottée en tous sens, obligée de me cramponner au banc qui me servait de siège. L'arrière d'un fourgon de police est comme une église, glacial et sans aucun confort. Il est aussi l'endroit idéal pour prier.

Coincée là, je luttais pour rester assise. En même temps, je tentais de ne pas penser à ma destination. C'était une véritable lutte, de corps et d'esprit. En m'agrippant tant et plus à mon siège, je parvins finalement à penser à tout autre chose. J'ignore comment et pourquoi, mais je finis par songer aux neuf cactus miniatures alignés sur l'appui de fenêtre de ma cuisine. Par chance, je le réalisai, je les avais arrosés la veille. Je ne doutais donc pas qu'ils survivent aux prochaines semaines. Avais-je pressenti mon absence à venir ? Car, outre arroser mes plantes, j'avais aussi rangé mon appartement, chose rare. Cela se pouvait-il seulement ? Était-on capable de sentir les choses ? Possédait-on une sorte de sixième sens alertant d'un malheur ? C'est par toutes ces interrogations que je me laissai alors prendre, non sans un certain plaisir.

Et j'y songeai ainsi pendant une trentaine de minutes, jusqu'à ce que le silence fermement respecté dans le véhicule soit rompu par mon escorte. En face de moi, à l'arrière du fourgon, l'officier cadet qui y avait pris place pour mieux me surveiller avait ouvert la trappe séparant l'avant et l'arrière, pour lancer à ses collègues une banale question. Je ne l'avais pas entendue, j'étais encore plongée dans mes propres pensées. Mais une discussion, vive et fournie, démarra ensuite et m'en sortit complètement. Aucun d'eux ne m'adressa la parole, mais qu'importe. Les entendre parler entre eux me suffisait amplement. D'autant plus que ces échanges m'empêchaient d'imaginer le pire, d'envisager l'impossible. Tout du moins, au début. Car après avoir évoqué à tour de rôle leurs soucis domestiques, les trois officiers cadets parlèrent de leur travail au ministère de la Justice et me ramenèrent forcément à la triste réalité de ma condition. Je gardai néanmoins l'oreille tendue pour les écouter attentivement.

De cette manière, je collectai quelques indices sur le lieu vers lequel j'étais escortée. J'appris qu'il s'agissait d'un bâtiment réhabilité d'un ancien immeuble d'habitation planté au beau milieu de la banlieue-dortoir de Biriouliovo. À la mention de ma destination, je ne pus m'empêcher de frissonner. Comme bon nombre de Russes, je connaissais cet endroit de réputation, laquelle était bien mauvaise. En octobre 2013, cette banlieue située au sud de Moscou et peuplée de près de cent mille personnes, en majorité étrangères, avait été le théâtre d'événements pour le moins dramatiques. À la suite du meurtre d'un jeune Russe par un ressortissant d'une ancienne république musulmane soviétique, une ambiance xénophobe y était née et avait débouché sur de terribles émeutes. Des dizaines de vitrines brisées, des centaines d'immigrés tabassés en pleine rue ; et tout ça sous le regard impassible des autorités : deux jours de complet chaos. Cet endroit est depuis lors considéré comme une poudrière, un volcan en activité qui peut de nouveau et à tout moment éclater.

Reste que c'est bien vers là-bas que j'étais alors conduite, vers ce cratère encore fumant. Le bâtiment dont j'approchais peu à peu avait, aux dires de mon escorte, été repris par l'État peu après ces émeutes et accueillait désormais ce que les fidèles du régime appellent des « partisans de la révolte ». La plupart des détenus y avaient moins de trente-cinq ans et purgeaient de courtes peines ou étaient en attente de jugement. Le conducteur du véhicule déclara d'ailleurs qu'il avait escorté en cet endroit, et pas plus tard que la veille, *quatre emmerdeurs de première*. « Des colleurs d'affiches ! assura-t-il. Et des petits blogueurs à la con ! » Il balança encore une ou deux vacheries. Puis lui et ses collègues évoquèrent d'autres escortes, échangèrent sur certaines rencontres, commentèrent quelques « cas » avec une légèreté déconcertante.

En écoutant, je tentai de les comprendre. Les officiers au service du Kremlin m'ont toujours paru une espèce à part. En règle générale, l'on devient policier ou militaire pour faire respecter la loi et l'ordre, non les caprices d'un autocrate. À quel moment ceux qui maintiennent et protègent le pouvoir en Russie se sont-ils fourvoyés ? Et pour quelle raison, surtout ? Pour la sécurité de l'emploi, peut-être. Et pour l'argent, certainement. C'est à la fois ridicule et pathétique. S'il est, je crois, un point commun à tous les serviteurs de Poutine, c'est bien leur corruptibilité. S'il leur arrive de voir poindre quelques doutes, la paie à la fin du mois les balayera toujours. Avec un bon chèque, on est loyal envers son chef. Avec une conscience, on serait loyal envers sa patrie. Et l'apathie n'aide en rien. La plupart des esclaves du régime en souffrent profondément. Il suffit de voir comme rares sont ceux qui aujourd'hui quittent des yeux la télévision, comme plus rares encore sont ceux qui ouvrent quelques livres.

Des bouches de mes gardiens sortaient exactement les mêmes mots que ceux débités par Soloviev ou Simonian sur Rossiya 1, les mêmes propos victimaires ou complotistes quotidiennement crachés sur Perviy Kanal. Il eût fallu, pour compenser toutes leurs heures d'écoute débilitante, qu'ils se plongent dans les écrits de Stefan Zweig, Vladimir Jankélévitch ou encore Václav Havel. Mais c'était là sans doute trop demander. « Ballotté, manipulé, automatisé, l'homme perd peu à peu la notion de son être », disait justement Havel. Preuve en était dans ce fourgon, mais aussi dans le tribunal que je venais de quitter, et chaque jour un peu plus dans les rues de la capitale et dans les campagnes russes.

Nombre de mes compatriotes déclarent aujourd'hui qu'ils ne s'intéressent pas, ou plus, à la politique. C'est un aveu honnête, mais une véritable folie. C'est par manque d'intérêt que tout fout le camp, et par manque d'attention que nos droits les plus élémentaires nous sont repris. Ajoutez à cela la perte de bienveillance, le manque de volonté et l'absence de solidarité au sein du peuple russe, vous comprendrez comment la Russie en est arrivée là, comment Poutine et sa nomenklatura résistent et subsistent. C'est une évidence, la plupart des Russes ne se sentent plus responsables de rien. Même s'ils souffrent, s'ils peinent, s'ils pleurent, il en est pour eux ainsi et pas autrement, tout est immuable par la force des choses. Comme si la force des choses était plus grande que la force de l'âme !

Il me fait toujours mal d'entendre certains affirmer que protester ne sert à rien, si ce n'est à s'attirer des ennuis. Les plus âgés rappellent souvent l'exemple des « huit de la place Rouge », ces trois femmes et ces cinq hommes qui, le 25 août 1968, ont bravé les interdits et surmonté la peur pour dénoncer l'invasion de la Tchécoslovaquie. Quelques minutes de protestation pour des années de camp et de répression, et ce, sans le moindre changement dans la doctrine Brejnev ; un bilan pour eux ridicule. Mais était-ce pour autant un acte inutile ? Je reste convaincue du contraire.

Sans les « huit de la place Rouge » en 1968, il n'y aurait sans doute jamais eu les cinq cent mille manifestants sur la place Manezhnaïa en 1991 en solidarité avec la Lituanie. Et il n'y aurait pas eu toutes ces masses protestataires qui depuis 2011-2012 font enrager le Kremlin.

Vladimir Kara-Murza, célèbre opposant russe empoisonné en 2015 et en 2017, en a un jour justement fait état : « Toute voix d'opposition est précieuse. Même huit personnes peuvent parfois sauver l'honneur d'une nation entière. » La peur est un sentiment qui s'épanouit dans l'intime. Exposez-la en plein jour, elle se muera en courage. C'est là l'enseignement des « huit de la place Rouge », qui suffit à prouver que leur acte a servi à quelque chose.

En pensant à ces précurseurs et à tous ces autres manifestants, activistes, qui, malgré tout, ont agi et agissent encore, et en entendant les élucubrations des trois officiers cadets qui m'escortaient vers Dieu sait où, je réalisais que la Russie de Poutine était loin d'être une masse unique et uniforme. Elle contenait en réalité trois blocs. Un premier constitué de ses fervents admirateurs, un autre formé de ses opposants, et un dernier rassemblant les ignorants, ceux qui ne sont ni pour ni contre, qui ont cessé de penser. Le plus dramatique est que les deux derniers blocs associés écraseraient sans mal le premier. Comme quoi, cela tient parfois à peu de chose.

J'y songeais encore en me cramponnant à la banquette du fourgon. Nous continuâmes de rouler ainsi une dizaine de minutes. Le trafic était dense, mais moins qu'auparavant. Parfois le véhicule avait été contraint de brusquement freiner sur la Varshavskoïe, sans doute à cause de travaux. Ils étaient maintenant derrière nous. Je le regrettais sincèrement. Ces coups d'arrêt, quoique violents, étaient pour mon escorte du temps perdu, pour moi des instants gagnés. Chaque seconde passée dans ce fourgon, même à écouter leurs inepties, restait une seconde de relative liberté. Sur le coup de 13 h 30, nous arrivâmes toutefois à destination, devant cet immeuble, ce *zagon*, cet enclos à bestiaux dressé et entretenu par l'État.

5

Le « camp rouge »

Le système pénitentiaire russe est certainement l'un des plus complexes au monde. Hérité du système pénitentiaire soviétique, que la glasnost des années 1980 avait pourtant dénoncé, il a conservé ses vices et offre toujours une juste image de l'enfer sur terre. La plupart des lieux de détention en Russie sont encore des colonies pénitentiaires collectives ou des prisons communautaires, legs en l'état des goulags. Mon grand-oncle Matveï m'a un jour raconté son passage dans une de ces prisons. C'était en 1979, à la suite d'une bagarre dans le sud de Moscou il fut enfermé avec quarante-trois autres prisonniers vingt-trois heures sur vingt-quatre dans une cellule humide. Il m'a relaté l'ambiance de ces longs jours, l'inconfort pesant et permanent et la lutte de tous les instants pour surmonter la promiscuité, pour ne pas attraper tuberculose ou autres joyeusetés, et pour conserver le peu d'intimité qui lui restait alors. C'était il y a plus de quarante ans, mais les choses n'ont que peu changé. En 2001, au lendemain de l'arrivée de Vladimir Poutine au pouvoir, en réponse aux critiques internationales lancées sur le milieu carcéral russe et le non-respect des droits de l'homme, des réformes structurelles avaient pourtant été annoncées puis, en théorie, initiées. Mais le poids de la tradition est tel qu'il écrase tout changement.

En arrivant sur les lieux de ma propre détention, j'avoue ne pas avoir su tout de suite quoi en penser. Sans doute m'attendais-je à voir se dresser devant moi une tout autre architecture. D'ailleurs, en découvrant le bâtiment en question, je me retrouvai aussitôt à douter. Était-ce possible que ce soit là ? Du dehors, rien ne laissait imaginer que ces murs dissimulaient une prison. Le bâtiment possédait une façade classique, celle d'un immeuble d'habitation standard, tels ceux qui le jouxtaient ou qui lui faisaient face. Étonnant. La prison était-elle volontairement camouflée, dissimulée ? Dans le fourgon que je venais de quitter, l'un des officiers cadets avait mentionné un bâtiment réhabilité par l'État, mais jamais je n'aurais imaginé qu'il le fût de la sorte.

Et je m'interrogeai forcément. Je m'interrogeai davantage. Existe-t-il sur le territoire russe d'autres prisons comme celle-là, d'autres prisons à l'apparence si modifiée ? C'était tout à fait possible. Et c'était par-dessus tout terrifiant.

Car il était terrifiant de penser, d'envisager, d'imaginer que d'autres vieux immeubles, petites surfaces commerciales, antiques théâtres, anciens établissements scolaires ou que sais-je encore avaient peut-être été eux aussi déjà transformés par le Kremlin en lieux de détention pour opposants. À l'évidence, ça se pouvait. Et cette seule idée me glaçait le sang.

Aujourd'hui encore, il m'est pénible de songer que derrière chaque façade, chaque devanture, chaque mur peut se cacher l'inconcevable. Il peut d'autant plus s'y cacher que personne ne s'en doute ou n'en a cure, que personne ne regarde vraiment.

À Biriouliovo, en attendant la suite devant ce bâtiment, j'eus tout le loisir de le constater. Aucun des passants, pourtant en nombre à cette heure, ne prêta le moindre regard à cette façade, à cette prison qu'elle dissimulait. J'aurais certainement pu crier, révéler cet état de fait aux badauds présents. Mais j'ignore pourquoi je n'en eus à ce moment-là même pas l'idée. Peut-être étais-je simplement en état de choc ou perdue dans mes réflexions. Toujours est-il que j'en fus sortie d'une manière surprenante. Alors que je contemplais encore la façade de ce bâtiment, une voiture nous fonça droit dessus, s'arrêtant de justesse à quelques centimètres de mes genoux.

« Il est en retard », marmonna dans sa barbe l'un des trois officiers cadets en souriant faussement. « Il l'est toujours », nota le plus gros.

À l'intérieur de la voiture, et malgré ma proximité, je n'apercevais que deux silhouettes indistinctes. Le moteur ronronnait toujours devant nous. C'était un diesel, il crachait sa misère et chargeait l'espace de gaz d'échappement. Le vent, faible mais présent, m'attaquait de face. Toutes les émanations du véhicule fondaient sur moi.

L'air extérieur était froid et ne rendait ce gaz que plus visible encore. Le contraste était là. La neige, tombée ce matin, était toujours d'un blanc renversant. Lorsque le soleil parvenait à percer la chape nuageuse, quelques scintillements sautaient même aux yeux. Mais c'était rare. Depuis que nous étions descendus du fourgon, soit cinq ou six minutes, je n'avais ressenti que deux fois la chaleur de ses rayons.

Cette journée avait certainement tout pour être belle. Mais ma situation la rendait affreuse. Je préférais tout de même être au-dehors dans cette pollution et ce froid plutôt que dedans cette étrange prison. Après quelques secondes d'attente, les deux individus sortirent enfin du véhicule. Les silhouettes difformes prirent alors un contour net, celui d'un bouffi quinquagénaire et d'une jeune dame longiligne.

« Quelle plaie, ces travaux ! » lança aussitôt le bouffi bonhomme en jetant un œil sur le bas de caisse de sa rutilante Bentley. Il faut être à Moscou ou à Saint-Pétersbourg pour voir de pareilles voitures. Dans les campagnes russes, elles n'auraient de toute façon pas leur place. Au fin fond des *kraïs*, on n'admire pas les courbes, les carrosseries ou la puissance des véhicules, mais plutôt leur capacité à tenir les routes non bitumées, à gravir les côtes escarpées ou à éviter les poules égarées.

« Monsieur le magistrat ! » l'accueillit finalement le plus vieux des trois officiers cadets, qui me serrait alors l'épaule.

« Ah, je sais ! répliqua l'intéressé. Je suis en retard. Mais ça roulait mal ! Allons, allons, finissons-en ! »

Et aussitôt dit, je fus poussée vers la porte du bâtiment, que je passai le plus simplement du monde. Pas de gardien à l'entrée, pas de portique de sécurité, pas même de véritable verrou sur la porte principale ; rien n'avait de sens. D'ailleurs, j'y entrai comme un âne dans un moulin. Ou plutôt, comme une abeille égarée dans une ruche voisine. Oui, c'est bien ainsi que m'apparut d'abord le rez-de-chaussée de ce bâtiment, comme une ruche bruyante et bondée. Il contenait un grand espace central bordé de plus petits à demi cloisonnés. Chaque centimètre carré était éclairé d'une lumière jaune terne, sans doute émise par des ampoules obsolètes, des plafonniers antiques. Partout, des uniformes grouillaient en discutant et en se plaignant. Il y avait un bourdonnement incessant. C'était désagréable et oppressant.

Je traversai cet espace d'un pas rapide, poussée dans le dos par mon escorte. Un pas devant moi, le bouffi magistrat et sa fine secrétaire m'ouvraient la route. Nous rejoignîmes ainsi une première porte étroite. Nous la passâmes pour déboucher sur un couloir qui s'enfuyait vers la gauche et vers la droite. À gauche toute, nous fîmes encore une vingtaine de pas, puis nous échouâmes dans un large bureau de cinq mètres sur quatre dans lequel nous attendait ce qui semblait être la responsable de ce lieu de détention, une dame que le magistrat me présenta comme une ancienne employée des services du renseignement et nommée Olesya Kotova, ainsi qu'un gardien d'une soixantaine d'années dénommé Sobolev. Sur une chaise trônant au milieu de la pièce, je fus ensuite assise, puis scrutée par chaque paire d'yeux présents.

Et je me sentis soudain comme une anomalie à contrer, un problème à régler. Je devais certainement l'être pour eux.

La plupart des monstres se considèrent comme les derniers des saints. Ils pensent mal, agissent mal, mais clament le faire au nom du bien. Une hérésie.

Peut-être s'attendaient-ils alors à ce que je fasse ou dise quelque chose qui prouverait ma sauvagerie ? Je m'abstins de bouger, et même de respirer.

« Qu'elle est maigre ! » siffla finalement cette Olesya Kotova en se tournant vers le magistrat.

Ce dernier haussa les épaules.

« Elle est comme elle est, répliqua-t-il aussi.

– Et qu'est-ce que tu veux que j'en fasse ? lui demanda-t-elle.

– Ce que tu veux », retourna le bouffi bonhomme avant de lui glisser que j'aurais tout aussi bien pu finir à Mnevniki ou à Solntsevo.

Cette précision eut le don d'enchanter immédiatement la directrice de cette prison. Les colonies pénitentiaires de Mnevniki et de Solntsevo ont toujours eu pour réputation d'accueillir de redoutables criminels. Ce magistrat était-il sérieux en avançant que j'y aurais eu davantage ma place ? Je ne pouvais le croire. Mais qui sait ce que ce diable pensait vraiment.

« Ah, foutaises ! » claqua-t-elle cependant après une courte réflexion.

Là encore, le magistrat haussa les épaules. Et Olesya

Kotova de me jauger de nouveau, puis d'ajouter tout du même : « Nous verrons bien ! »

Je levai alors les yeux vers elle, croisai son regard et le regrettai aussitôt. Les monstres n'aiment pas croiser d'autres regards. Ils courent le risque d'y voir le reflet d'une âme et de ressentir qu'ils en sont eux-mêmes dépourvus. Je compris mon erreur à son changement d'expression. En une seconde, son visage tout entier se crispa et ses yeux s'enflammèrent. Je rabaissai au plus vite la tête, mais c'était trop tard. Le mal était fait.

« Certains prétendent qu'il vaut mieux commencer en douceur ! attaqua-t-elle alors, mais je suis d'un tout autre avis. Je pense au contraire qu'il faut commencer franchement… Te voilà désormais pensionnaire de ce camp rouge. En théorie, tu as droit à une visite médicale. Mais au diable cette connerie ! Au diable d'ailleurs à compter de maintenant ce que tu considères être tes droits ! Cet endroit n'est pas une colonie de travail et encore moins une colonie de vacances. Il a pour objet de te remettre sur le droit chemin, celui du respect des valeurs traditionnelles et du socle sacré que sont Dieu, la famille et la défense de la vérité historique russe… C'est pourquoi ce camp est soumis au régime le plus strict. N'attends aucune visite extérieure. N'espère même plus rien. C'est une refonte qui sera ici opérée. Une rééducation sévère… Ainsi donc, Sobolev, notre *petit personnel,* va dès à présent te conduire dans ta cellule. Tâche de l'apprécier, car tu n'en sortiras pas de sitôt. Tu n'en sortiras pas tant que je ne l'aurai décidé ! »

Aussitôt, elle fit un signe de tête au geôlier mentionné. Je le vis fondre sur moi et me préparai au pire. Mais sa patronne le stoppa. Ou plutôt, il s'arrêta de lui-même en la voyant soudain saisir mon sac et en vider le contenu sur le sol. Je regardai alors, aussi surprise que lui, mes quelques affaires s'y étaler sous les yeux scrutateurs des autres. Puis j'observai, impuissante, cette Olesya Kotova les trier une à une avec un étrange plaisir. Je la vis ainsi tout sourire saisir puis balancer ce qu'il y avait sans doute de plus précieux en cet endroit, jeter simplement à la poubelle ces quelques livres, *mes* livres, que j'avais osé emporter avec moi.

Ensuite, je la vis hésiter devant mes autres affaires, devant mes carnets, mes crayons, mon icône de saint Serge, montée en pendentif, et mes vêtements. Elle les épargna finalement, non sans alors montrer quelque dégoût.

Enfin, elle remit le tout dans mon sac et laissa le geôlier me rejoindre, saisir mon épaule et me donner l'ordre de me lever. Nouvelle erreur de ma part, j'obtempérai trop rapidement. Je quittai ma chaise, fis un pas vers la porte et montrai un trop grand entrain. L'administratrice de ce camp rouge n'en avait certainement pas fini avec moi, c'eût été trop beau. Je le compris en l'entendant siffler la charge, puis en la voyant tendre à ce Sobolev une petite boîte en carton, qu'il attrapa machinalement avant de l'ouvrir devant moi et d'en sortir une bobine.

Il ne me fallut pas longtemps pour comprendre ce qui allait suivre, déjà serrer les dents et retenir mon souffle.

En luttant pour rester impassible, je tendis vers ce

geôlier mes mains et lui exposai ainsi mes poignets un peu tremblants malgré mes efforts, poignets que ce salaud n'hésita pas à lier ensemble de deux tours de ce fil particulier, de ce fil de fer barbelé, sous les yeux satisfaits de l'odieuse responsable de cette prison, du magistrat et de son assistante. Les trois officiers cadets, quant à eux, restèrent immobiles, froids et figés.

Était-ce donc là un exemple des valeurs traditionnelles de la Sainte Mère Russie que cette détention était supposée m'apprendre ? L'apathie, l'indifférence, la cruauté ? Le droit chemin qui venait de m'être promis devait certainement mener aux Enfers.

Les monstres étant ce qu'ils sont, je ne m'attardai pas davantage sur eux. La douleur attirait de toute façon trop mon regard, comme finalement mon propre sang attira toute mon attention. À peine le lien fut-il attaché que ma peau céda sous les pointes acérées de ce fil barbare. Et ainsi cédant, je la vis rendre, par douzaine voire davantage, des petites larmes de sang, *mon sang*, que je n'avais jamais vu aussi rouge, que je n'avais jamais senti aussi chaud.

La douleur fut soudain telle que j'eus l'impression de perdre mes deux bras. Mais pour la cheffe de ce camp, ce n'était sans doute pas encore suffisant. Sans aucune retenue, elle me le prouva en venant bousculer du coude le geôlier, puis, après avoir retroussé d'un coup sec les manches du pull que je portais alors, en dévidant la bobine de barbelé pour mieux me l'enrouler cette fois autour de mes avant-bras, puis à quatre autres reprises jusqu'aux plis de mes bras, où elle effectua deux tours de plus en serrant hargneusement, là, juste au niveau de mes veines, céphalique, médiane et basilique, qui, attaquées comme jamais, se mirent à battre à tout rompre.

Le corps humain est une merveille et une escroquerie à la fois. Il peut résister au pire, et céder à pas grand-chose. Il offre aussi et souvent des réactions surprenantes, des sensations étranges. À ce moment-là, ma peau se déchirant encore et à d'autres endroits, mon corps réagit en libérant une quantité terrifiante de sang, qui me parut, aussitôt hors de moi, aussi brûlant que de la lave. Il n'était plus question de quelques gouttes, de quelques larmes, mais bien de rivières, de torrents. Pour ne pas défaillir, j'en appelai dès lors à Dieu. Ma vieille baba, Baba Luisa, me répétait sans cesse que dans les pires difficultés Dieu serait toujours là. Et non pour faire rempart au *mal*, mais pour me soutenir de sa présence et mieux l'affronter, mieux le terrasser. J'avais besoin de soutien, alors pourquoi ne pas profiter de sa présence.

Les dents serrées, les larmes toujours retenues et les bras désormais en sang et en feu, je contemplai les ravages qu'avait créés ce barbelé et je pensai au Tout-Puissant. Il aurait été naïf de croire que je vivais là le pire de cet endroit. Ce n'était certainement qu'une introduction, l'avant-goût d'une détention sans règle, sans garde-fou, sans contrôle. Et ce qui se passa dans la foulée me le confirma.

Ainsi attachée, je fus contrainte de quitter ce bureau pour rejoindre le couloir, dans lequel m'attendaient cette fois vingt-quatre surveillants, chapka sur la tête et matraque à la main. Ils formaient par douzaine deux lignes et un passage étroit, une haie de déshonneur que j'étais obligée d'emprunter. À chaque pas, je ne pouvais en douter, j'allais recevoir deux coups de matraque, et ce jusqu'au bout de ce couloir, de ce corridor d'abattage, tout du long de cette distance qui, de là où j'étais, m'apparaissait aussi longue que celle séparant la Terre de la Lune.

Un pas, deux coups. Douze pas, vingt-quatre coups. Le compte était bon, le parcours du supplicié complet. Et c'est forcément à grand-peine que je le traversai, et en grande souffrance que je le terminai. Abasourdie, terrifiée ; je fus ainsi réceptionnée par Sobolev qui s'était, lui, contenté de contourner la meute pour me cueillir et me pousser plus vite encore vers l'étape suivante.

Dans un brouillard rouge de sang et de douleur, un brouillard épais et lourd, mon geôlier me dirigea ensuite vers une cage d'escalier sombre, puis il me conduisit dans les étages pour rejoindre ma cellule. Un étage, deux étages, trois étages. En silence, je les grimpai péniblement. La quatrième volée de marches fut la plus douloureuse à gravir. La fatigue me plombait. Et à mesure de l'ascension, c'est la panique qui s'emparait de moi, la crainte d'être tout de suite confrontée à pire.

Je parvins toutefois à atteindre cet étage, puis à me traîner jusqu'à une porte d'un bleu caillé supportant en son centre une trappe coulissante en métal. Devant cette porte, Sobolev s'arrêta pour mieux farfouiller dans sa poche. J'ignore pourquoi je remarquai alors les boulons rouillés qui maintenaient la coulisse en place. Sans doute mon déclin me poussait-il à me concentrer sur quelque chose d'insignifiant pour m'accrocher tant que possible.

Mon geôlier trouva enfin la clé et l'inséra dans la serrure. Le voyant faire, je ne pus m'empêcher de lancer : « Là ? » en faisant l'erreur de désigner la porte du doigt, d'un de ces doigts – *mes doigts* –, au prolongement de ma main droite liée à ma gauche par le fil de fer barbelé. Et Sobolev d'acquiescer avant de marmonner : « Estime-toi heureuse de ne pas finir avec une demi-douzaine d'autres détenus dans un dortoir ! » Et disant cela, il déverrouilla la porte, l'ouvrit grande sur ma cellule, puis me jeta dedans. Après avoir été privée de ma liberté d'agir et de mouvement, je me retrouvai désormais privée d'espace, et même déjà d'air. Ce ne pouvait en être autrement. Cette cellule, ce trou, ce caveau faisait tout au plus cinq mètres carrés. Il était d'ailleurs à peine plus grand que le box des accusés de la salle d'audience du tribunal de Tverskoï que j'avais visitée un peu plus tôt.

En un coup d'œil, je vis tout ce qu'il contenait, soit rien de plus qu'un malheureux W-C, un évier, un matelas posé directement sur le sol et une unique chaise. Pas de table, pas de lampe, pas de radiateur ni aucun autre moyen de chauffage. Pas non plus de tapisserie sur les murs ni de plinthes, de rideaux à la fenêtre. Seulement de grossiers barreaux déjà aussi rouillés que les boulons de la trappe coulissante sur la porte.

Avant ce jour, j'avais habité dans pas mal de logements différents en Russie. Dans l'isba familiale, à Voronej, qui m'avait vue naître et grandir jusqu'à mes douze ans. Dans l'appartement, aussi à Voronej, qui nous avait accueillis à notre retour d'exil. Dans un *kommounalka* – un studio communautaire – pendant mes études universitaires dans la capitale. Dans un deux-pièces, au cœur d'une *khrouchtchoba* dans la banlieue sud de Moscou. Et enfin dans l'appartement du quartier Dorogomilovo que j'avais été contrainte de quitter précipitamment.

Cinq endroits misérables à des degrés divers. Mais certainement pas autant que cet endroit, la cellule de ce camp rouge, l'antichambre de l'enfer. « Je vais rester ici longtemps ? » balbutiai-je tandis que mon geôlier ôtait mes entraves et délestait ma chair de toutes ces pointes aiguisées. « Le temps qu'il faudra », répliqua-t-il sèchement. Et je le regardai rembobiner le fil avec une certaine expertise, le ranger dans sa boîte puis dans sa poche. Et puis je le regardai quitter la pièce, cette cellule, ce trou, en silence, sans un regard pour moi. Je le regardai s'en échapper presque comme un voleur, sur la pointe des pieds.

Un claquement de porte et deux tours de clé plus tard, c'en était fini. Ou peut-être cela ne faisait-il que commencer. Privée d'air, de liberté, privée de certitude, je vacillai alors. Mère Teresa avait un jour dit que « la solitude et le sentiment de n'être pas désiré sont les plus grandes des pauvretés ». Elle avait sans aucun doute raison. Soudain seule, je me sentis pauvre et démunie, pauvre et perdue.

Que faire ici, dans cet espace si petit ? Que faire dans ce vide abyssal, avec cette collection d'absences ?

J'en fis le tour, cinq ou six fois. Je le parcourus de long en large et en travers. Je le balayai rigoureusement du regard, à la recherche de quoi que ce soit. J'usai de chaque coup d'œil pour en prendre la mesure, pour essayer de la comprendre. Mais rien. Je ne trouvai rien. Je ne parvins à rien.

Qu'était exactement ce lieu ? Un camp rouge ? Mais qu'est-ce que ça voulait dire ? Que ce n'était pas une colonie, pas une prison, que c'était autre chose ? Dans ce cas, quoi d'autre ?

La seule chose dont je pouvais être sûre, c'est qu'il ne s'agissait en rien d'un *zagon*. Cet endroit n'était pas un enclos à bestiaux, mais bel et bien déjà une boucherie.

Plus j'y pensais, plus je l'observais, plus je m'interrogeais encore et m'y perdais davantage.

Les prisons russes ont pignon sur rue. D'aucuns savent où elles se situent et quel genre de criminels elles renferment. En arrivant sur les lieux de celle-ci, j'avais remarqué tout le contraire. Les passants que j'avais aperçus n'avaient montré qu'indifférence, signe certainement qu'aucun d'entre eux ne savait ce qui se tramait derrière ces murs.

Qu'était-ce donc que cet endroit ? Et moi-même, en y entrant, qu'étais-je devenue ? Qu'étais-je encore ? Que n'étais-je plus ? Avec ma liberté, n'avais-je pas laissé derrière moi autre chose ? N'avais-je pas perdu mon existence tout entière, n'étais-je pas devenue une simple statistique de l'État ? Avais-je conservé mes droits, ceux d'être dignement traitée ? Le discours d'accueil de la responsable de cet endroit, cette odieuse et terrifiante Olesya Kotova, m'avait clairement indiqué le contraire. Elle avait envoyé *au diable* tous mes droits. Mais n'était-ce pas des paroles en l'air, des paroles pour me faire peur ? Je ne savais pas. Je ne savais plus rien.

6

L'isolement

Les années 2020 et 2021 ont été pour le moins particulières pour chacun d'entre nous. Peu importe le pays, le continent, la situation sanitaire liée au Covid-19 nous a tous contraints à adopter des comportements inhabituels et donc à vivre autrement. Je me souviens qu'en Russie, deux jours après la découverte des premiers malades sur le territoire, soit vers le 30 janvier 2020, le Kremlin avait décidé la fermeture des frontières. Ensuite, comme partout, étaient apparues les campagnes de dépistage massif, les fermetures des restaurants et commerces « non essentiels », les confinements et autres quarantaines.

J'avais moi-même subi une de ces quarantaines au début du mois d'avril 2020. Pendant dix-sept jours, temps nécessaire pour obtenir un second test négatif, j'avais dû rester cloîtrée chez moi, sans recevoir aucune visite. Une période incertaine que j'avais pourtant bien vécue. J'en garde un souvenir agréable. Peut-être est-ce parce que je n'avais pas vraiment été malade. Je n'avais eu que des symptômes légers, à peine un peu de fièvre les premières heures et une fatigue qui s'était d'elle-même évaporée au bout de deux ou trois jours. J'en étais par conséquent sortie reposée, et même motivée pour la suite, que j'avais reprise sans difficulté aucune.

Toutes les gênes occasionnées par cet enfermement d'avril 2020 n'avaient donc pas réussi à entamer mon moral ; preuve sans doute que dans la vie tout est épreuve qui s'affronte et s'oublie ; épreuve qui se surmonte avec plus ou moins de difficulté selon la façon dont on l'appréhende.

Dans ma cellule, un peu moins d'un an plus tard et de nouveau seule et retenue, c'est ce à quoi je pensais. Il me fallait considérer ce passage par la case prison comme un obstacle de plus à franchir, comme un défi supplémentaire à relever. Et comme je m'en étais sortie la première fois, je m'en sortirais de nouveau, et de nouveau je reprendrais bientôt le cours normal de ma vie.

Dans mon souvenir, au moment de la quarantaine sanitaire subie, et comme je le suppose tout un chacun dans la même situation que moi, le plus difficile à surmonter avait été l'ennui. Si l'oisiveté est bien la mère de tous les vices, l'ennui est le père de la folie. Pour s'en préserver, il faut donc toujours trouver de quoi s'occuper l'esprit. Chez moi, dans mon appartement moscovite, j'avais alors facilement trouvé de quoi faire. J'avais à ma disposition de quoi lire, écrire, de quoi étudier et apprendre. J'avais à portée de main de la matière, du potentiel qui me faisait ici cruellement défaut. J'avais aussi des contacts téléphoniques, la possibilité de parler à autrui, d'échanger simplement sur tout et sur rien.

J'avais en somme conservé le lien à la vie communautaire, un lien à autrui. Ce n'est qu'une fois privée de tout que je constatai ma chance d'alors, ce n'est qu'au milieu de rien que je réalisai combien hier encore j'avais, combien je possédais, combien j'étais riche.

La solitude est redoutable. Elle s'annonce rarement et frappe vite et fort. En un claquement de porte, ici même, elle venait de me porter un coup. Certains disent qu'on n'est jamais vraiment seul, que toujours subsiste à nos côtés une présence. Jamais jusqu'alors je n'avais autant souhaité que ce soit vrai. Lorsque j'étais enfant, maman me disait souvent qu'on avait tous un ange pour compagnie, un ange pour gardien. Que certains le voyaient, d'autres le sentaient, d'autres encore pas du tout. Mais qu'il était toujours là, à nos côtés, au cas où. La question était maintenant de savoir si les anges nous suivaient jusqu'en enfer.

Une chose était certaine, j'étais à présent contrainte de rester ici et seule, *le temps qu'il faudrait*. Ici, dans cet espace exigu et non dans un dortoir ; ici, seulement avec moi-même et non en compagnie d'autres prisonniers. Devoir côtoyer quelques inconnus aurait-il été plus pénible pour moi que la solitude qui me tenaillait déjà : je m'interrogeai sérieusement. Et ce faisant, c'est une étrange scène du passé qui me revint en tête, un épisode traumatisant de la petite enfance dans lequel, alors à Voronej, j'avais assisté à la mise à mort d'une poule par ses congénères, à l'exécution d'un petit animal fragile et innocent que ma tante Ninia avait quelques instants plus tôt eu le malheur d'ajouter au groupe déjà formé.

Cette scène est restée intacte dans ma mémoire. En quelques secondes, les plus vieilles *Gallus gallus domesticus* du clan avaient mis à terre à coups de bec la nouvelle venue – sans lui laisser la moindre chance. Je me rappelle encore le vacarme, puis le nuage de plumes, et enfin le silence. Comme un soufflé sorti trop vite du four, tout était simplement retombé, avec le petit corps de la poule pondeuse fraîchement débarquée, alors éventrée et l'œil droit crevé. Ceux qui possèdent une basse-cour le savent certainement, il n'y a rien de plus difficile que d'introduire un nouvel animal dans un groupe déjà formé. Alors peut-être qu'échouer dans une cellule individuelle était le mieux qui puisse m'arriver en cet endroit. Peut-être.

7

Le vide, la lumière et le froid

J'ai toujours pensé que la différence entre chez soi et ailleurs tient aux choses qui s'y trouvent. Plus un lieu est chargé d'objets qui sont nôtres, plus il nous appartient et plus on s'y sent bien. Chez moi, par exemple, dans mon appartement de Dorogomilovo, il y a deux tables basses dans mon salon. Non seulement elles encombrent l'espace, mais en plus elles ne s'accordent pas ensemble. Une est carrée et noire, l'autre est ronde et brune. J'ai acheté la seconde pour remplacer la première, mais je n'ai jamais eu le cœur de le faire. J'ai donc deux tables basses. Dans mes placards, je dois aussi avoir entassé une centaine de bougies. Des grandes, des petites, des plates, des parfumées. Des bougies flottantes, d'autres en forme de boule ou de sapin. Une centaine de bougies. Pourtant, depuis mon emménagement dans cet appartement, pas une seule fois je n'en ai allumé une. Je possède également trois aspirateurs. Deux ne fonctionnent plus depuis longtemps, mais je les ai conservés, Dieu seul sait pourquoi.

Dans ma bibliothèque, j'ai aussi dix exemplaires de

tel livre, dix de tel autre. J'ai même encore, c'est dire, deux annuaires téléphoniques qui traînent dans mon entrée. Des bottins ! Objets inutiles par excellence que j'ai néanmoins gardés. Sans doute les ai-je un jour trouvés quelque part, par hasard, puis je les ai ramenés chez moi et simplement oubliés. Je les ai oubliés, comme j'ai oublié tout le reste, oublié jusqu'alors, jusqu'à ce que je m'en souvienne dans ce camp rouge de Liovo, dans ma cellule désespérément vide. Et je sais parfaitement le moment exact où ces annuaires me sont revenus en tête en ce drôle d'endroit. C'était au cours d'une nuit glaciale, la quatrième depuis mon arrivée. Je subissais alors, désarmée, les attaques de l'hiver.

En Russie, on dit que le printemps commence le 1er mars, mais c'est un piège. Il peut neiger jusqu'à la mi-avril. Au beau milieu de cette nuit, et alors que je somnolais, je sentis le gel saisir mes doigts. Une attaque, une étreinte d'une violence telle qu'elle me serra au point de changer la couleur de ma peau, un changement que je pus par contre distinguer sans problème.

Ma cellule, j'ignore pourquoi, était en permanence éclairée. Depuis que ce Sobolev m'y avait jetée, l'ampoule encastrée dans le plafond ne s'était pas une seule fois éteinte. Elle avait déjà montré quelques signes de fatigue, elle avait tremblé parfois, mais elle s'était toujours reprise. Cette lumière était agréable, au début. La première nuit, j'avais même été heureuse de ne pas voir s'ajouter la terreur de l'obscurité à toutes celles qui m'oppressaient déjà. Mais à force, je n'en pouvais plus.

Dans l'obscurité, on se cache. Dans le noir, on s'oublie. Et Dieu sait qu'il est bon de parfois s'oublier. Quatre nuits d'affilée sans pouvoir m'oublier, mes nerfs étaient à vif. Et sous la lumière artificielle qui ne variait que très peu, avec mon attention aiguisée, j'eus finalement tout le loisir de voir le froid marquer ma peau.

Il la bleuit d'abord par endroits, des touches discrètes et espacées, avant d'étendre son mal. Du bleu, l'ensemble de mes doigts passèrent très vite au violet ; violet clair dessus, violet foncé côté paume. Les teintes se renforcèrent encore jusqu'à atteindre le pourpre et l'indigo, jusqu'aux engelures.

Le plus étrange reste cette drôle de sensation que je ressentis tout du long, celle d'une chaleur intense, d'un feu nourri. Plus le froid les attaquait, plus j'avais l'impression que mes deux mains brûlaient, qu'elles se consumaient. C'était étrange et dérangeant. Et mes doigts gonflèrent au fil de ces changements, ils gonflèrent au point de me priver de toute sensibilité au petit matin suivant.

Je le remarquai lorsque j'entrepris, au lever du soleil et sur un coup de tête, d'examiner les effets personnels que j'avais emportés en cet endroit. Par chance, si l'on peut dire, aucun uniforme ne m'avait été imposé à mon arrivée. J'avais eu le droit de prendre quelques vêtements et surtout de les garder. C'était surprenant. Lorsqu'on vous jette en prison, on vous retire généralement tout. C'est une manière de vous ôter votre identité, de vous transformer en bagnard, en sous-homme. Mais cette prison n'en était pas vraiment une. Cette prison était un camp, et un camp rouge. C'était un endroit à part.

Ce qui valait pour ailleurs ne valait pas pour ici. Ce qui valait pour ici ne valait pas pour ailleurs. J'avais au moins déjà compris cela. Quoi qu'il en soit, j'étais rassurée d'avoir pu garder avec moi mes quelques affaires. Elles étaient des biens propres, *les miens*, et elles me rappelaient en quelque sorte qui j'étais.

Malgré mes doigts endoloris par le froid, et pour contrer l'ennui et la peur qui se faisaient chaque seconde plus redoutables, je trouvai finalement l'idée de passer en revue mes vêtements, de les étudier, de les trier. Une activité inutile, certainement. Mais lorsqu'on n'a pas grand-chose, on se contente de peu. Sans hésiter, et malgré la douleur de ces engelures tout juste apparues, je finis donc par vider le contenu de mon sac et par scruter, étudier chaque morceau de tissu.

Je réalisai ainsi une inspection minutieuse. J'alignai chacune des pièces pour mieux les apprécier, et jugeai chaque fibre, chaque couture, chaque défaut. Le hasard fait-il bien les choses ? À l'évidence pas pour moi. Je fus forcée de l'admettre après avoir déplié pantalons et pulls, sous-vêtements et chaussettes. Au bout du compte, je réalisai aussitôt que je n'en avais embarqué que très peu. Si l'on excepte ceux que je portais alors, je n'avais ici avec moi que deux exemplaires de chaque pièce, de surcroît usés et troués de partout. Comment diable avais-je fait pour ne pas le remarquer plus tôt ! Est-ce que le souci du détail ne nous apparaît que lorsque d'autres tracas nous tiennent déjà ?

Devant mes vêtements désormais disposés sur mon matelas souillé de mon sang et grouillant de mille et une bestioles – des punaises et autres araignées qui faisaient un festin de mon corps à toute heure du jour et de la nuit –, je me rendis compte que, si l'envie me prenait de trop souvent me changer, je devrais rapidement trouver un moyen de les laver ; une perspective qui ne pouvait guère m'enchanter.

À ma disposition en cet endroit je n'avais évidemment aucune machine d'aucune sorte. En ces conditions, laver mon linge, le faire sécher ou le repasser ne pouvait être qu'une activité compliquée, usante et douloureuse pour les bras et le moral ; des bras que j'avais déjà blessés par l'étreinte du fil de fer barbelé reçue le jour de mon arrivée, et un moral trop entamé par le reste. Est-ce pour cela que je perdis soudain pied ? Je l'ignore. Mais en posant mes yeux sur mon évier recouvert de calcaire et en apercevant un mince filet d'eau trouble et glacée s'écouler du robinet, je sombrai entièrement.

D'abord, je crus voir la pièce onduler, puis, devant moi, je vis apparaître ma babouchka Maria. De l'au-delà, elle venait de surgir pour me lancer : « Comme à l'isba, tu n'auras qu'à frotter en croix ! »

Comme à l'isba familiale, là-bas à Voronej, dans l'évier de sa cuisine qui faisait à peu de chose près deux fois la taille de cette cellule, et en dessous des cordes tendues qui supportaient déjà le linge lavé dégoulinant lentement, Baba Maria frottait en croix et avec énergie nos cottes et nos frocs pour les décrotter et retrouver de la sorte le propre que nos jeux d'enfants avaient fait fuir.

En croix, toujours en croix ; Baba Maria revenait d'entre les morts pour me dire d'ainsi procéder. Et bien vite, à sa suite, c'est Baba Luisa qui m'apparut pour m'expliquer comment au mieux les sécher, avant que la silhouette ronde de tante Ninia ne se forme et que sa voix ne résonne pour me prodiguer quelques conseils de repassage.

En cet instant, je n'étais plus seule. Je n'étais pas avec un ange, mais avec mes aïeules. Ce n'était pas un miracle, mais un délire. Et je le réalisai finalement. Je réalisai que ressentir les esprits de mes ancêtres, les voir si nettement, les entendre si clairement, alors que ça ne faisait même pas une semaine que j'avais été privée de liberté, n'était pas bon signe. À chaque seconde, je le sentais, et malgré la lumière vive qui baignait ma cellule, le néant m'absorbait un peu plus.

Si je voulais éviter de sombrer entièrement, il me fallait trouver un moyen de faire fi du vide, de la lumière et du froid ; une tâche ô combien difficile dans un endroit où ils règnent en maître.

8

Le maintien en éveil

Aujourd'hui, lorsqu'on me demande ce qui fut le plus pénible pour moi dans cette prison, j'hésite toujours avant de répondre. Le vide, la lumière, le froid forcément. Mais bien moins que les moments de solitude, bien moins encore que les séances avec mon bourreau.

C'est après une semaine de complet isolement que je reçus sa première visite, la visite de Sobolev, alors accompagné d'un autre gardien. Ils firent irruption dans ma cellule à la nuit tombée, une nuit sans étoiles, sans doute nuageuse.

La fenêtre était la seule vue changeante que j'avais en cet endroit, la vue sur le ciel. L'horizon était réduit, la fenêtre entravée de barreaux faisait moins de soixante centimètres sur quarante. Mais un bout d'horizon, pour qui est enfermé, reste un rêve. Je le regardais donc souvent. De jour comme de nuit, je scrutais l'étendue, admirais tantôt les nuages, les différentes teintes de bleu, tantôt les étoiles ou la Lune. Ce soir-là, il n'y avait rien de visible. C'était sans doute un signe.

Sobolev, sitôt entré, me présenta l'inconnu qui l'accompagnait, une nouvelle recrue tout juste débarquée de la colonie pénitentiaire numéro 2 de Pokrov à quelque cent kilomètres de Moscou. Il ne m'en dit pas plus. Il me le présenta rapidement, puis se tut.

Avant qu'ils ne pénètrent dans mon espace, en entendant les tours de clé dans la serrure, j'avais eu le réflexe de reculer jusqu'au mur opposé ; un mur qui me soutenait désormais.

Le sentiment d'être à la merci de quelqu'un est sans doute le plus paralysant de tous. Il nous fige dès qu'il nous saisit. Et alors on ne pense plus, alors on ne respire plus. En quelques instants, on oublie même tout ce qu'on a appris, tout ce qu'on sait. On oublie tout, à l'exception peut-être que l'on fait face à des monstres, à des créatures qui peuvent, là, soudain, faire preuve d'une rare violence.

On le sait, en une seconde seulement la bascule peut avoir lieu. Une seconde, qu'on attend sans patience ou impatience, qu'on attend sans imaginer quoi que ce soit. On n'en a de toute façon plus la force. L'esprit est vide, le cœur est arrêté. À la merci d'un autre, la misère est totale.

Fort heureusement, cet état de paralysie ne dure jamais. Cette angoisse particulière est comme une corde tendue à l'extrême. Elle finit toujours par céder. Elle cède pour quelque raison que ce soit.

Dans ma cellule, sous la lumière toujours aveuglante, c'est l'instinct de survie le plus basique qui soit qui la fit céder. J'avais depuis leur arrivée cessé de respirer, mon corps me rappela à l'ordre. Et j'inspirai, je bougeai de nouveau. Et ce faisant, une odeur troublante voyagea dans la pièce, une odeur qui marqua le visage de ces deux hommes et les paralysa à leur tour.

Les eaux usées avaient refoulé de l'évier de ma cellule. Une puanteur âcre s'était insinuée dans la pièce. Mon mouvement l'avait fait voyager jusqu'à eux.

Je la vis les frapper de plein fouet. En un instant, ils m'apparurent choqués, perturbés, empêchés, contraints à la lutte, au dégoût. Et cela me ravit de les voir à ce point malmenés.

Devant leur soudaine faiblesse, je me sentis alors un peu moins à leur merci. J'étais toujours en grand danger, je ne me faisais pas d'illusion, mais l'instant critique était passé. C'est tout du moins l'impression que j'avais. Je savais aussi que je n'avais toujours pas le droit à l'imprudence. Je restai donc le dos collé au mur opposé à la porte, au plus loin d'eux et muette.

« Je fais visiter les lieux au nouveau, histoire qu'il se mette dans le bain ! » finit par souffler Sobolev comme pour reprendre le dessus sur son malaise.

Un pas derrière, le mentionné luttait toujours. Il n'était pas l'aise, il n'était pas à sa place. L'insistance de Sobolev l'obligea toutefois à s'y mettre.

« Bon, qu'est-ce qu'on a là ? » lui demanda-t-il ainsi, pour le pousser un peu plus.

Le nouveau déplia illico une feuille, puis hésita. J'en profitai pour tenter de voir à travers le papier.

Par transparence, je parvins à déceler quelques lignes d'écriture noire et des sortes de gommettes de couleurs différentes collées tout à côté.

« Son nom est en bas, en dernier », ajouta Sobolev pour accélérer l'allure.

Le jeune posa aussitôt son doigt à l'endroit indiqué et je distinguai trois points de couleur ; un bleu, un jaune et un rose.

« Tu te rappelles leur signification ? » lui demanda d'abord l'ancien. Et sans attendre, il enchaîna : « C'est pourtant simple, retiens-le une bonne fois pour toutes. Gommette jaune pour *trouble à l'ordre publique*, bleue pour *délit politique* et rose pour *militantisme agressif*.

– Je vois, marmonna l'autre. Et ces vertes, là, chez les autres ?

– Gommette verte pour *délit de rébellion* », lui répondit Sobolev.

Et tandis que le nouveau digérait ces quelques informations, je songeai à l'ampleur de cette farce. Mon pays me considérait-il ainsi ? Je ne pouvais qu'en rire, chose que je m'interdis cependant, avec l'espoir que cela me sauverait peut-être de la suite. Mais hélas, il n'en fut rien.

Cette visite n'était pas un simple tour du propriétaire offert à une recrue, pas plus qu'une visite de courtoisie à la détenue que j'étais, mais bien la mise en place d'un supplice qui allait se répéter, un supplice qui deviendrait l'un de mes cauchemars.

D'un petit sac qu'il portait en bandoulière, Sobolev finit par sortir une bobine déjà familière, une bobine de fil de fer barbelé. Il la déroula sans attendre, la déroula jusqu'à atteindre le mètre et demi, puis il ordonna au nouveau venu d'opérer franchement.

« Mais pourquoi ? rétorqua ce dernier tandis que je me le demandais.

– Maintien en éveil ! » lui répondit d'abord mon bourreau avant de lancer, un œil tourné vers moi : « Et puis ça l'empêchera de faire tout ce raffut ! »

Je n'en faisais aucun. Je n'en avais même jamais fait. Comment l'aurais-je pu ? Il n'y avait rien à faire en cet endroit. Rien à déplacer, rien à casser. Mais qu'importe. Dans un camp rouge, quoi qu'il en soit, seule compte la volonté de l'État.

La recrue, à ma grande surprise, refusa toutefois d'exécuter l'ordre. Il fit même un pas en arrière, me laissant quelque nouvel espoir, hélas vite tué dans l'œuf par son supérieur.

Sans délicatesse aucune, Sobolev me sauta finalement dessus, m'attrapa les mains, me les colla l'une à l'autre en prière, puis me les serra, je le comptai, de six tours de barbelé.

Six tours ; des pointes par dizaines et autant d'entailles.

Mon passage dans ce camp, là il me faut l'admettre, m'a appris bien des choses, dont les différents types de fils de fer barbelés qu'il existe sur terre. En voir un de si près, en sentir si fort ses effets, m'a sans doute aidée à m'y intéresser. Il en existe, c'est étonnant, des coupants et des piquants. Il y a aussi des fils à pointes longues et éloignées, des fils à pointes courtes et rapprochées. On peut en trouver de simples galvanisés, généralement tendus à la campagne aux abords des champs, ou avec lames, de ceux dressés à la frontière serbo-hongroise.

Chaque usage a son fil de fer barbelé. Pour chaque ravage, chaque folie, un nombre et un type de pointes précis.

La manœuvre brutale opérée alors par Sobolev ne dura qu'une poignée de secondes, mais elle me ravagea complètement la peau.

Je résistai au mieux, mais ce fut au prix de mille efforts. Le fait est que je ne pouvais rien laisser paraître. Le risque était trop grand, de satisfaire mon bourreau et de lui donner envie de me torturer davantage. Je tins donc bon jusqu'à ce qu'il m'eût quittée, jusqu'à ce que son collègue et lui aient refermé la porte de ma cellule.

Il y a toujours un instant d'absence avant de lâcher complètement prise. Un instant, sans doute, pour réaliser l'impensable, pour admettre l'inexcusable.

Ce n'est qu'après avoir regardé avec attention le désastre et vu son étendue que je réagis.

Sur mes mains et mes avant-bras, de nouvelles plaies, de nouvelles blessures, de nouveaux traumas étaient apparus et continuaient d'apparaître. Et avec, du sang. Du sang en quantité. Du sang rouge vif sur le bleu froid de ma peau gelée. Du sang rouge terreur, rouge colère, rouge dépit, qui me terrassa finalement.

Par miracle, je le pense encore, je perdis connaissance. Je tombai à genoux sur le sol, avant de sombrer. Ou plutôt, j'allai ailleurs. Je quittai cette cellule et ce moment pour un autre lieu et un autre temps.

Dans cet autre univers, dans ce monde des rêves ou des délires, je plongeai à pieds joints. Et là-bas, avec plaisir, je revis mes parents danser au mariage de mon oncle Basile, ma sœur et mon frère se bagarrer avec moi. Je revis mes babas s'affairer en cuisine les jours de Noël et de Pâques. Et je retrouvai mon camarade Vova et son fils Yuri, Dima et Artyom, le reste de la bande. Je replongeai à Voronej, au bord de sa rivière. Et à Moscou, je me retrouvai au cœur de Moscou, à la fois si proche et si loin de cet enfer.

9

La douche

Longtemps, j'ai cru que la sonnerie intense et aiguë du réveil était la pire façon d'être réveillée le matin. Mon séjour dans ce camp rouge m'a fait comprendre qu'il existe bien plus redoutable moyen d'être extirpée de ses rêves. Ce moyen, je le subis pour la première fois quelques heures après le premier *maintien en éveil* qui, ironiquement, m'avait fait perdre connaissance.

Plongée dans un autre monde, je n'avais pas entendu la clé déverrouiller la porte de ma cellule et n'avais donc pas pu anticiper la suite. Sobolev, ce sournois, avait sans doute veillé à faire le plus discrètement possible son retour pour mieux me surprendre. Je le haïs d'autant plus.

Sans un bruit, il était donc revenu pour me sortir de la douce inconscience dans laquelle j'avais trouvé refuge. Il le fit de la manière la plus inattendue qui soit : en me jetant un liquide visqueux sur les pieds. Je me réveillai finalement en sursaut et bondis, trop vite et trop fort – je ne mangeais pas à ma faim, mon corps ne m'offrait plus que douleurs et malaises, tremblements et vertiges.

Ce qui me saisit alors fut profond. Je vis noir puis flou avant de sentir mes jambes se dérober sous moi. Je résistai néanmoins à la chute comme à l'envie de hurler ma stupeur, pourtant grande. Mais ce Sobolev était un diable qu'il était préférable de ne pas tenter.

En luttant, je parvins à contenir mes faiblesses. Et ainsi je pus regarder mon bourreau faire ce qu'il avait à faire : m'ôter mes entraves barbelées. Pointe après pointe je les vis laisser l'empreinte plus ou moins profonde de leur outrage. À la dernière, je n'étais plus habitée que par la rage, une rage contre lui, mon tortionnaire, mais aussi contre moi, la rage qu'il m'ait eue, la rage d'avoir été si peu sur mes gardes.

Sobolev – est-ce une chance ? – comme la première fois opéra sans trembler. Puis il rembobina simplement le fil, le remit en place dans son petit sac et s'en alla comme si de rien n'était. La capacité de certains à faire le mal m'a toujours interpellée. Comme leur plaisir sur le moment et leur absence de remords. Sont-ils dépourvus de conscience ? L'ont-ils égarée au détour de quelque tragédie ? Je ne sais que croire. Je n'ose même pas y penser.

En regardant alors Sobolev partir, je me refusai à tenter de le comprendre : c'eût été au risque de l'excuser. Et ce monstre ne méritait pas qu'on l'excuse de quoi que ce soit.

Je me contentai donc de constater l'évidence : il était pourri, aussi pourri que cet endroit, aussi pourri que cette cellule. C'est alors que je remarquai que ma cellule grouillait de moisissures du sol au plafond. Sitôt après son départ, elles m'avaient sauté aux yeux. Ou plutôt au nez. Tout du moins c'est d'abord ce que je crus. Car après avoir de nouveau et à pleins poumons inspiré l'air ambiant, le doute me saisit. Ça sentait bien quelque chose, mais pas la moisissure. C'était différent. Et différent encore de l'odeur des eaux usées refoulées par mon évier ou mes toilettes. Non, l'odeur était plus âcre. Elle était plus brûlante aussi que le remugle que je connaissais. D'ailleurs, elle me rappela étrangement les derniers instants sur terre d'un de mes grands-oncles, lorsque je l'avais veillé sur son lit de mort. De ce funeste moment, j'avais semble-t-il conservé le souvenir d'une odeur qui m'avait provoqué quelques nausées, une puanteur qui avait envahi la pièce, une émanation provenant de la vessie de mon aïeul, qui vieille de quatre-vingt-quatorze ans avait cédé quelques minutes avant lui.

Dans ma mémoire, la trace de ce triste moment était toujours aussi vive, une odeur si particulière d'urine concentrée et stagnante, en tout point identique à celle que je sentais alors dans ma cellule. Troublant.

J'eus beau chercher aux quatre coins de l'espace, je ne trouvai rien susceptible d'expliquer tout cela. Rien de suspect, rien de changé. La chaise, dont un pied plus court que les autres n'avait de cesse de me perturber depuis mon arrivée, était encore bien là et à sa place. Comme l'étaient toujours l'évier et son calcaire, les boîtes vides de ces bouillies infâmes qui m'étaient distribuées en guise de repas deux fois par jour, et le matelas. Reste que quelque chose non pas manquait, mais abondait à présent, quelque chose d'invisible mais d'odorant, de déplaisant, de malaisant. Ce quelque chose gagnait peu à peu en intensité. À chaque mouvement de ma part, l'air circulait, l'odeur se renforçait et m'attaquait davantage. Je décidai donc de ne plus bouger.

Qu'y avait-il de nouveau qui ne me sautait pas aux yeux ? D'où pouvait bien venir cette puanteur qui me retournait l'estomac ? Existait-elle seulement ou n'était-elle que dans ma tête ? Plus je la cherchais, plus je me le demandais.

La patience est une chose qui s'acquiert âprement et se perd facilement. En pénétrant dans cette prison, j'en avais une colossale. Mon enfance à Voronej, la misère surtout, m'avait permis d'acquérir et de renforcer cette vertu. Mais une semaine de détention en régime strict me l'avait déjà fortement abîmée. Je finis par craquer et bougeai de nouveau, puis me laissai même tomber, face la première, sur le matelas, avant d'aussitôt et amèrement le regretter. Au contact je le sentis tout de suite, il était désormais humide. Et davantage, il était mouillé, imbibé de cette urine que j'avais un temps plus tôt bel et bien sentie.

Surprise et dégoût me saisirent. Et une nouvelle fois, je me retins de bouger, à l'exception de mes yeux que je laissai rouler vers la gauche pour enfin voir que le sol de ma cellule était, tout comme mon matelas, recouvert de ce liquide dégoûtant, comme l'étaient désormais le bas de deux des murs et le peu de vêtements que je possédais en cet endroit.

Mon bourreau avait profité de mon inconscience

pour inonder mon espace de pisse encore tiède. Et il ne s'était pas contenté d'en lancer quelques gouttes. Pour en couvrir autant mes affaires, c'est un seau entier qu'il avait déversé, un seau d'urine nauséabonde et infecte qui ne pouvait rendre les prochaines heures, les prochains jours en cet endroit que plus terribles encore, plus affolants, angoissants et répugnants pour moi.

10

Le passé

La torture a généralement deux buts. Elle vise à obtenir quelque chose de quelqu'un ou à le punir.

La répétition des actes et surtout le détachement de plus en plus affiché par mon bourreau en les accomplissant finirent par me convaincre que je subissais tout ça en guise de punition.

Ce Sobolev avait évidemment un fond cruel. S'il avait une âme, elle était noire. S'il avait un cœur, il était de pierre. Mais il devenait au fil des jours si tiède qu'il me faisait de moins en moins penser à un sadique, de plus en plus à un pantin sans cervelle qui exécutait simplement et docilement les ordres. Le résultat, sans doute, d'années de propagande.

Chez un individu de son âge – mon bourreau devait être né dans les années 1960 –, ce comportement ne me surprenait qu'à moitié. Chez lui, le mal devait être profondément imbriqué. En voyant le jour sous Brejnev et en terminant son éducation sous Andropov, il avait certainement baigné dans une atmosphère accablante, tout axée sur l'obéissance passive, le culte du chef, le nationalisme exacerbé et l'obsession sécuritaire. Sans parents aspirant à plus de liberté à ses côtés, il ne pouvait s'en sortir.

Il ne m'a jamais étonnée que les plus critiques envers la politique et la grande majorité des opposants à Poutine aient moins de quarante ans. La chute du mur de Berlin a relégué dans l'ombre la terreur et ouvert bien des perspectives. N'ayant connu, vécu, expérimenté la dureté du régime soviétique, les deux dernières générations, dont je fais partie, se sont construites dans un monde plus ouvert ; un horizon qui a permis le développement du sens critique, d'une certaine autonomie et surtout de s'éduquer à la liberté. Reste que la Russie de Poutine s'est depuis quelques années de nouveau employée à détruire tout cela.

De manière pernicieuse, les arts et surtout les médias ont remis au goût du jour ce culte du chef, ce nationalisme exacerbé et cette obsession sécuritaire. Les documents historiques ont été réécrits à la gloire unique de la Russie. Dans les arts, la « culture russe » est encensée à l'extrême, la nouveauté critiquée à outrance. Et partout à la télévision la propagande galope. Avec le quatrième mandat de Vladimir Poutine, les choses se sont même accélérées. Les livres publiés ces dernières années n'ont majoritairement plus pour sujet que la grande guerre patriotique, la grandeur supposée de la Russie ou encore ce mal qui détruit l'Occident, cette décadence qui gouverne l'Amérique.

Cet effondrement supposé du monde occidental est d'ailleurs le sujet favori des médias. Les journaux télévisés, les talk-shows mais aussi les documentaires en foisonnent et rabâchent sans cesse les mêmes inepties pour vous les faire rentrer dans le crâne.

Le comportement de mon bourreau, au cœur même de ce camp rouge, découlait certainement de tout cela : de la propagande d'hier et de celle d'aujourd'hui, de l'addition de toutes ces années de conditionnement à une obéissance totale. Ce Sobolev avait perdu toute inhibition. Et je ne pus que le remarquer au fil de ses visites. Nombre de fois et à n'importe quelle heure, à compter du huitième jour de ma détention, il était venu me rosser, me menacer, m'intimider. Quelques matins, il était aussi apparu pour me jeter un seau d'urine fraîche avant de simplement disparaître.

Lorsqu'il est question de torture, les avis divergent. Certains en refusent catégoriquement le principe. D'autres, moins sensibles, soutiennent que *nécessité peut faire loi* et sont donc enclins à excuser telle bassesse si elle permet de récolter l'indispensable, telle dérive si elle apporte des résultats. Et d'autres enfin, les moins indulgents, considèrent purement et simplement que tel mérite le pire, que tel autre ne peut comprendre qu'en le subissant.

À force de moi-même subir le pire dans cette cellule, c'est une considération qui finit par me prendre la tête. J'étais alors régulièrement punie. Mais méritais-je vraiment ce qui m'arrivait ? J'avais certainement fauté dans ma vie. On faute toutes et tous, plus ou moins gravement. Mais au point de mériter ça ? Je n'étais plus sûre de rien.

Au petit matin d'un jour nouveau dans ce camp rouge, et après avoir pour la énième fois vu déferler sur moi la pisse d'autrui, je me retrouvai à y songer sérieusement. Qu'avais-je bien pu faire de si terrible pour recevoir de tels traitements ? Je ne pouvais subir tout cela simplement pour avoir manifesté publiquement mon mécontentement. C'était impensable, inenvisageable, illogique. Mais alors pourquoi ?

N'ayant que ça à faire en cet endroit, je décidai de dérouler le fil de ma vie, à la recherche d'une réponse ou d'un indice, d'un début d'explication. À l'âge de sept ans, je me le rappelai, j'avais oublié de fermer la barrière du poulailler de tante Ninia. Une demi-douzaine de poules pondeuses en avaient profité pour filer à l'anglaise et j'avais alors, dans la panique, accusé mon frère de cette erreur, mon frère qui avait été grondé en conséquence par notre oncle Stepan. Le pauvre était absolument innocent. Pourtant, soulagée de m'en être sortie, j'avais finalement ri de lui. Était-ce pour ça que je payais ?

Cinq ans plus tard, peu avant notre départ forcé de Russie, j'avais feint trois jours durant un mal de ventre pour éviter l'école. Mon jeu avait été si bon que mes parents m'avaient conduite à l'hôpital pour qu'un docteur me retire l'appendice. Il n'était bien sûr pas infecté, mais j'avais gardé le silence. Une opération, c'était l'assurance de rater l'école une semaine de plus. Peut-être était-ce plutôt pour ça que je payais ?

Les années d'exil m'avaient ensuite calmée. Loin de ma terre et de mes amis, je n'avais plus eu le cœur à la bêtise. L'incertitude était sans doute trop présente dans ma vie, elle encombrait la moindre de mes pensées. Pendant ce laps de temps, j'avais cessé de vivre, j'avais cessé de rêver. La mort de papa n'avait rien arrangé. À l'incertitude s'était ajoutée la tristesse. J'avais peu à peu sombré. S'il n'y avait eu notre retour au pays, j'ignore ce qu'il serait advenu de moi. Une fois rentrée à Voronej, quatre ans plus tard, j'avais vu ma fougue renaître. Être en terrain connu m'avait certainement repoussée dans les bras de l'insolence. De nouveau, j'avais volontairement raté l'école, mais aussi raté la messe et encore raté telle ou telle autre obligation. De temps en temps, j'avais dérangé un tel, titillé un autre. En d'autres termes, j'avais emmerdé tout le monde. Comme souvent à l'adolescence. À mes dix-huit ans, mes enfantillages avaient d'eux-mêmes cessé pour laisser place aux choses sérieuses.

Avec Vova, mon meilleur ami de toujours, j'avais ainsi et sans en avertir personne rejoint la capitale pour prendre part à ma première manifestation. Celle-ci réclamait la suspension d'une grotesque décision de justice qui stipulait que la mairie de Moscou avait désormais le droit d'*interdire toute marche de fierté pour le siècle à venir*.

Ma participation à cette manifestation non autorisée avait toutefois été sans conséquence pour moi. Vova, en revanche, avait été arrêté et avait hérité de 9 000 roubles d'amende. Est-ce que désormais je payais à mon tour pour ce fait ? Peut-être. Ou peut-être payais-je pour le suivant, pour avoir peu avant Noël remplacé les guirlandes lumineuses blanches d'un sapin dressé près du kilomètre zéro par des guirlandes sept fois plus colorées.

Je l'avais alors fait pour offrir à Moscou un magnifique arc-en-ciel et montrer qu'un acte de *propagande homosexuelle* pouvait être magnifique. Cela dit, à y penser, j'avais déjà payé pour celui-là. J'avais été interpellée dès le lendemain et avais reçu une amende, ainsi que, lors de mon interpellation, un coup de M26 Taser dans le bas de mon dos. Mais peut-être n'était-ce pas une torture suffisante ? Qui sait. Elle ne m'avait certainement pas empêchée de poursuivre, encore et toujours, de dénoncer le cynisme et de souligner les dérives de plus en plus nombreuses.

J'avais de fait continué gentiment mes protestations sans me faire attraper, jusqu'à cette répression aux abords du boulevard Tchistye Prudy au lendemain de la farce électorale de 2011. À la suite de cela, j'avais poursuivi la lutte, mais plus précautionneusement. Tout du moins avais-je ainsi fait jusqu'à ce jour de juillet 2020 et la mort de mon meilleur ami, Vova. Dans ce camp rouge, livrée au sadisme du pouvoir et à trop m'interroger sur mes fautes, je finis par faire ce que j'avais toujours évité : me remémorer ce jour-là en détail.

C'est par un appel que tout avait commencé. Un mardi matin, mon téléphone avait sonné et j'avais entendu la voix de Katia, la voisine de palier de mon ami d'enfance ; une Katia alors dans un drôle d'état qui essayait de me dire quelque chose. Après quelques hésitations, elle avait fini par marmonner qu'il était arrivé un malheur à Vova ; une nouvelle qui m'avait fait bondir. Ni une ni deux, j'avais jeté mon téléphone et m'étais mise en route pour le retrouver, pour comprendre. En courant, j'avais ainsi rejoint les abords de la Krymskaya, là où résidait Vova. En bas de son immeuble, j'étais d'abord tombée sur trois secouristes qui semblaient s'amuser de l'événement, tandis qu'un quatrième mangeait comme si de rien n'était son petit-déjeuner, adossé au véhicule d'urgence.

J'avais continué mon chemin. Près de la porte d'entrée du bâtiment, j'avais ensuite fait face à un policier qui racontait alors une blague pour le moins douteuse sur un pendu à des passants hilares. En grimpant les escaliers, j'avais encore croisé un homme, résidant sans doute en cet endroit, qui rapportait au téléphone le drame qui avait eu lieu au cinquième, un drame qu'il qualifiait d'inévitable en glissant le toujours inapproprié : « Ça devait de toute façon arriver. » Et enfin, devant la porte de l'appartement de Vova, j'avais découvert Katia, celle qui m'avait appelée plus tôt, discutant d'une voix plus franche et tout sourire avec un autre policier.

Dans ma cellule, dans ce camp rouge, je me rappelai avec aigreur comme tous ces gens m'étaient ce matin-là tour à tour apparus ; comme des êtres insensibles, étranges, irréels. Mon impression s'était d'ailleurs alourdie lorsque j'avais finalement pénétré dans l'appartement et découvert l'impensable, le corps de mon ami déjà glissé dans une housse mortuaire, son corps sans vie, l'enveloppe qui avait tenu son âme au chaud pendant trente-trois ans.

J'étais alors restée là, au-dessus de son corps, un temps considérable. Et la colère avait fini par m'envahir. J'avais encore en tête le comportement de tous ces gens juste croisés, de ces secouristes badinant au pied de l'immeuble, de ces deux policiers rigolards, de ce voisin qui avait osé insinuer que Vova l'avait cherché, et de cette autre voisine qui, à l'évidence, n'était pas très émue.

Cette colère froide et pesante m'avait ravagée, comme ensuite l'incompréhension et le désespoir quand j'apprendrais ce qui lui était arrivé et ce qui allait advenir.

En Russie, il y a toujours deux versions à toute chose : la vraie version et l'officielle. La version officielle ne doit même pas paraître vraisemblable. Elle doit juste venir d'en haut. Ainsi donc, mon ami d'enfance s'était *officiellement* suicidé, et ce, malgré quatorze coups de couteau retrouvés sur son corps, malgré les six reçus dans son dos.

L'on aurait pu croire à une malheureuse erreur, à une mauvaise lecture d'un rapport d'autopsie. Mais il n'en est rien. La conclusion n'était pas celle d'un rapport d'autopsie, mais succédait juste à la découverte du corps, et d'un message écrit peu après la mort de Vova en lettres de sang, son propre sang, sur l'un des murs de son appartement, un message à caractère homophobe.

Dans la Russie de Poutine, il n'y a de justice que pour les amis du régime. Pour les autres, ce n'est qu'abus, iniquité et misère.

Si pour ce crime personne n'avait jamais été arrêté, jugé et torturé, pourquoi l'étais-je ? Cette question me rendait folle.

Certains disent que tout a une cause. Est-ce vrai ou est-ce un simple réconfort pour mieux digérer ses malchances, je l'ignore. Mais chercher du réconfort dans l'absurde peut nous perdre. Surtout qu'à trop vouloir expliquer les atteintes et les bassesses de quelques-uns, on en arrive souvent à se blâmer soi-même.

Tenter de justifier l'injustifiable est toujours une perte. Une perte de temps, d'énergie, de moral. Une perte de repères, de raison. Une perte totale.

11

La folie

Je ne passais que des nuits étranges dans cette prison. Tantôt interminables, tantôt courtes. Parfois glaciales, parfois moins. J'ai eu l'impression que certaines étaient comme assaillies par la douleur, d'autres comme empêchées par la fatigue. Je vécus des nuits différentes en cet endroit, toutes terrifiantes. Mais une, je dois dire, le fut plus que les autres, une nuit courte et intense au cours de laquelle j'eus une hallucination si réaliste qu'elle me dérange encore aujourd'hui.

Comme toujours, j'avais débuté la nuit en cherchant une position pour m'endormir, une recherche rendue difficile par mes courbatures, mes engelures et tous les stigmates de ces coups que mon tortionnaire attitré m'avait offerts à chacun de ses passages.

Le confort est une chose précieuse. Une chose qui peut très vite nous manquer. Après quelques tentatives douloureuses, j'avais fini par trouver un semblant d'aise en me calant dans un coin et attendais désormais que la fatigue m'assomme. Je regardais droit devant moi, l'esprit ralenti mais à la recherche d'un souvenir agréable qui me permettrait de moins souffrir. Comme Peter Pan a besoin d'une pensée heureuse pour voler dans le ciel du Pays imaginaire, j'en avais moi-même besoin d'une pour le rejoindre. J'attendais donc, immobile, qu'elle m'apparaisse, les yeux rivés sur mon évier.

Que se passa-t-il alors je l'ignore. Mais ce fut pour le moins soudain. De cet évier que je fixais avec mollesse, je vis une blatte émerger inopinément, sauter dans un *plop* comme un bouchon de champagne, pour atterrir sur le sol de ma cellule. Là, je la vis secouer la tête comme pour se remettre les idées en place, puis la relever et diriger ses grands yeux composés vers moi. Un instant, je crus qu'elle me jugeait, mais il n'en était sans doute rien. Je la vis ensuite m'approcher en claudiquant, puis finalement se figer net.

« Voilà qui est curieux ! » l'entendis-je, je le jure, alors me lancer.

Et moi de lui répondre : « Mais qu'est-ce qui est curieux ?

– Eh bien que tu n'aies toujours pas réagi ! rétorqua-t-elle en riant. Tu ne vois donc pas ce que je suis ? »

Je fis la moue, me redressai, me penchai vers elle pour la contempler de plus près et marmonna enfin : « Tu es une blatte !

– C'est ce que tu crois ?

– C'est ce que je vois ! » lui assurai-je.

Et à peine avais-je terminé ma phrase qu'elle enfla soudain et doubla de taille. Et, sous mes yeux, elle grandit, elle grossit, elle s'épaissit encore, augmentant de volume jusqu'à atteindre une dimension terrifiante, jusqu'à se retrouver plus grande que moi.

« Qu'est-ce que je suis maintenant ? » s'amusa-t-elle, ou plutôt, à présent, s'amusa-t-*il*, car cette blatte n'en était plus une, cette blatte n'était même plus un insecte, elle était devenue le diable ; un diable comme dans l'imaginaire collectif, avec une tête d'homme, une paire de cornes, une longue queue et les guibolles d'un bouc ; un diable qui de surcroît se pavanait, paradait et ricanait tout en esquissant quelques pas de *kozachok* au rythme d'une musique qu'il était le seul à entendre !

Et bêtement, je le regardais ainsi faire sans bouger. J'hésitais, en vérité. J'hésitais entre trembler ou rire, m'affoler ou m'en amuser. Mais je n'oscillai pas bien longtemps.

Après sa courte danse, *il* se plut à me troubler de nouveau en opérant un tour de passe-passe digne des plus grands *volkhves* de Russie, en changeant encore d'aspect pour m'apparaître cette fois avec une tête que je ne connaissais que trop bien.

« Oncle Sergueï ? » je bredouillai alors ; lequel était mort depuis longtemps, mais qui était pourtant bien là devant moi.

Et mon oncle Sergueï, qui un temps plus tôt n'était qu'un folklorique diable, qui plus tôt encore n'était qu'une blatte, d'éclater de rire, puis de me lancer cette phrase que j'avais auparavant bien trop entendue, cette phrase qui m'a toujours fait frissonner : « Ah, maudite enfant qui aurait mieux fait de ne pas se faire attraper ! »

D'effroi, je me redressai aussitôt et levai les mains par réflexe. Jadis, je le savais, mon oncle faisait toujours suivre cette sentence d'une série de coups de talon ou de poing sur mon dos ou mes côtes. J'avais par conséquent fini par intégrer ce geste défensif. Et pour une fois, ce geste me sauva.

En levant les mains, je ravivai la douleur de quelques entailles héritées du *maintien en éveil,* laissées par l'étreinte du fil de fer barbelé. Le souvenir de toutes ces pointes déchirant ma peau me fit sursauter, au point de finalement me remettre les idées en place. Et ce simple geste fit disparaître d'un coup d'un seul mon oncle Sergueï et avec lui le diable, et avec eux la blatte.

Dans le vide qui m'apparut alors, je réalisai que je venais de vivre une hallucination, et j'en fus immédiatement abattue. De toutes les émotions que j'aurais pu ressentir, c'est bien l'abattement qui me saisit d'abord. Ensuite, je me sentis découragée, puis dégoûtée. Cette hallucination me mettait face à ma folie, et cela ne pouvait être qu'une victoire pour le pouvoir. Depuis son arrivée au Kremlin, Vladimir Poutine n'a en effet eu de cesse de faire passer pour fou tout opposant à lui-même. Son parti, Russie unie, sa famille dans la mafia russe, n'ont eux aussi œuvré que dans ce sens, nous désignant tour à tour, et sans preuve aucune, comme paranoïaques, obsédés, excessifs, turbulents, inconscients, et j'en passe.

L'accueil reçu à mon arrivée dans ce camp, les mots de la responsable de cet enfer, raisonnaient aussi, et désormais différemment. « Cet endroit n'est pas une colonie de vacances, m'avait-elle dit. Il a pour objet de te remettre sur le droit chemin, celui du respect des valeurs traditionnelles et du socle sacré que sont

Dieu, la famille et la défense de la vérité historique russe. » Elle avait également évoqué une « refonte » et une « rééducation sévère » ; des termes alors vagues qui prenaient à présent tout leur sens. Ce camp rouge n'était en rien une nouveauté *made in Poutine Land*, c'était là encore la reprise d'un élément soviétique, d'un procédé inhumain.

Il a toujours existé dans le cerveau politique soviétique l'idée qu'un dissident est forcément un malade mental. Une pensée on ne peut plus pratique qui a directement conduit à la mise en place d'un système de répression particulier, la « psychiatrie punitive » ; cette méthode de répression standardisée consistant d'abord à déclarer un opposant schizophrène, puis à l'envoyer en *psikhouchka* (« hôpital psychiatrique ») pour le bourrer de neuroleptiques, d'électrochocs ou autres supplices corporels afin *officiellement* de le remettre sur le chemin de la raison, *officieusement* de simplement le maintenir sous contrôle. Joseph Brodsky, célèbre poète, l'a expérimenté en son temps. Tout comme Stous, Tarsis ou Chemiakine. Ou encore Iouri Galanskov, l'auteur du *Manifeste humain*, et près de deux millions d'autres âmes jusque dans les années 1980. Avec la fin de l'URSS, on a cru s'être débarrassé de ces atrocités. Mais la politique de Poutine est sans gêne ni morale. En octobre 2013, la condamnation de l'opposant politique Mikhaïl Kosenko à être *incarcéré dans un hôpital psychiatrique pour suivre un traitement forcé* l'avait déjà laissé entrevoir.

Je me souviens encore du tollé qu'avait alors suscité

cette sentence en Russie, de l'indignation et de l'inconfort, du doute et de la peur. Le juge avait refusé toute contre-expertise, s'appuyant uniquement sur l'avis d'un sombre psychiatre engagé par le parquet. L'exemple était donc là donné et la preuve sans doute était faite du retour à des méthodes barbares. Mais comme toujours en Russie, et pour une raison qui m'échappe, les protestations, dénonciations et autres mouvements d'humeur s'étaient d'eux-mêmes estompés, jusqu'à finalement disparaître et ainsi laisser le champ libre aux tortionnaires étatiques.

Peu après la condamnation de Kosenko, Poutine avait déclaré que « quiconque ne regrette pas la disparition de l'Union soviétique n'a pas de cœur. Quiconque veut la restaurer n'a pas de cervelle ». Certains y avaient vu une juste analyse des choses et la preuve que le dirigeant russe n'était pas engagé dans le rétablissement du système soviétique. Mais c'était une erreur.

Le régime soviétique a torturé ses enfants. La Russie de Poutine le fait tout autant.

12

Les cris, les corps et les coups

Chez moi à Voronej, on dit toujours qu'il n'est pas utile de crier pour que Dieu vous entende, car il est toujours à veiller au plus près de vous. Depuis mon séjour dans ce camp rouge, je ne cesse plus d'en douter.

Pendant ma détention, j'ai entendu nombre de cris. Ils surgissaient le plus souvent la nuit, en plein cœur de ces moments toujours éclairés mais terrifiants, et s'éteignaient simplement, le plus souvent sans raison apparente.

Les murs de ce camp rouge étaient si fins qu'entendre tous ces cris n'avait rien d'étonnant. Dans un bâtiment comme celui-là, bâti dans les années 1960 sur ordre de Khrouchtchev pour pallier la pénurie de logements tout en faisant vite et pas cher, le moindre bruit se répand sans difficulté aucune. Reste que certains troublent davantage que d'autres et marquent plus durement les esprits.

Un cri qui troubla particulièrement mon esprit, et dont le souvenir me fait encore aujourd'hui frissonner, brisa violemment le silence et me sortit de mes rêveries. Alors que la Lune était pleine et le ciel dégagé, je l'entendis soudain éclater. Il était tout proche de moi, il me surprit d'autant plus. Ce cri, aigu, ne fut pas unique. Il fut même rapidement suivi d'autres ; des cris mais aussi des plaintes, des prières, des pleurs ; une véritable avalanche de détresse, une cacophonie sans nom. Lorsque ma surprise fut passée, je m'employai à en chercher l'origine exacte. Je la devinai finalement à quelques mètres sous mes pieds, à l'étage du dessous.

C'était une voix d'homme, d'un âge inconnu, un homme qui tentait alors de demander de l'aide dans cet endroit où ne règne que l'indifférence. Était-il lui aussi devenu fou ? Ce vacarme m'obligeait à le penser. Ce pauvre homme criait si fort et frappait si désespérément sa porte de ses poings qu'il ne pouvait être qu'à bout. Comme tous les autres détenus de ce camp sans doute, c'est en faisant silence que je tentais de comprendre son calvaire. À chacun de ses cris ou de ses coups, je sentais néanmoins mon cœur bondir comme mon envie de l'aider augmenter. Mais j'avais encore en tête quelques doutes et quelques peurs qui me retenaient. Je me demandais surtout s'il était utile d'intervenir, si le risque en valait vraiment la peine. N'était-il pas déjà trop tard pour lui ? Peut-être faisait-il simplement un dernier baroud d'honneur. Peut-être se savait-il physiquement proche de la rupture, prêt à craquer, et s'employait-il à se faire entendre une dernière fois. Alors à quoi bon faire ou dire quoi que ce soit ?

Cette détention, je le savais, était éprouvante pour le corps et pour l'esprit. Je l'avais éprouvé par moi-même.

Depuis mon arrivée, pas un jour sans que je remarque combien je m'enfonçais, combien je maigrissais. Ça faisait d'ailleurs un moment que plus aucun de mes pantalons ne tenait à ma taille, que tous mes pulls étaient bien trop larges sur ma carrure. Je n'avais pas de miroir, mais j'arrivais tout de même à avoir une idée assez claire de ma personne, une image reconstituée de ces petits bouts de mon corps que je voyais toujours et qui, une fois rassemblés, me terrifiaient à coup sûr. Après ces quelques jours de régime strict, je n'étais déjà plus qu'un tas d'os. Mes genoux étiques ne pouvaient mentir, pas plus que ma peau diaphane, mes côtes apparentes et mes coudes pointus. Qui plus est, et c'est là un signe qui ne trompe jamais, j'avais en permanence mal partout. Et je ne parle pas de mes blessures, je ne parle pas de mes plaies. Chaque parcelle de mon corps criait sa misère.

Assise, couchée ou debout, appuyée contre le mur ou pas, c'est l'entièreté de mon corps qui me faisait souffrir. Je ne savais que trop bien combien cette détention pouvait être blessante. Se pouvait-il donc que cet inconnu qui criait dans la nuit soit à ce point abîmé qu'il mettait sa vie en balance avec la mort ? Il était raisonnable de le penser, même si finalement je me refusai de croire en sa rupture toute proche, comme en la mienne à venir. Aucun de nous ne pouvait craquer, ni cette nuit ni jamais. J'en vins donc, et sans y réfléchir davantage, à crier avec lui et pour lui. Et j'en vins à le faire en même temps que mes compagnons d'infortune de l'étage du dessus, en même temps que ceux des étages du dessous. J'y allai encore, j'y allai de nouveau et ne cessai plus d'appeler à l'aide. Ainsi, à pleins poumons, nous unîmes le peu de force qu'il nous restait et provoquâmes un vacarme plus assourdissant encore jusqu'à ce que le bruit d'une clé dans une serrure se fasse entendre, un bruit qui en appela d'autres, des dizaines d'autres ; des bruits de clés, je les entendis, des bruits de pas, je les perçus, puis de portes qui s'ouvrent brutalement.

En quelques secondes, les gardiens de nuit de ce camp accoururent enfin. Mais hélas, ce ne fut pas pour nous apporter le moindre secours. Notre appel commun, à l'évidence jugé comme une véritable rébellion, fut simplement réprimé dans le sang. Comme mes camarades, je reçus finalement l'injonction de me taire en une volée de coups d'une violence inouïe. À peine la porte de ma cellule s'ouvrit-elle que je sentis déjà s'abattre sur moi la première frappe, une gifle rapidement suivie d'un coup de poing, puis d'un autre, et ainsi jusqu'à ce que je perde le compte, jusqu'à ce que je perde du sang et que je perde à demi connaissance. Alors là, juste avant que je ne m'écroule, je vis mon assaillant resserrer mes entraves et simplement disparaître. Après le bruit, le silence. Après le chaos, le vide. Après la conscience, le néant.

Dans une telle prison, gardée par d'aussi cruels geôliers, il n'y a que dans l'inconscience qu'on peut s'évader. Les escapades y sont courtes, mais nécessaires. L'espace de quelques minutes ou de quelques heures, elles nous font oublier la douleur, le froid, la terreur, mais aussi la faim, les absences, les manques, et encore le dégoût de l'endroit, le dégoût de soi-même.

13

L'abandon

Il paraît que le peuple russe est le plus résilient du monde. D'aucuns nous envient d'ailleurs pour ça. Je n'ai jamais rien trouvé de plus idiot. La résilience est la capacité de surmonter les malheurs, les catastrophes ou les drames. C'est la capacité de continuer malgré tout, de toujours avancer. Vu comme cela, ça peut être enviable. Mais cette capacité n'est pas innée. Elle s'acquiert. Et elle s'acquiert à coups d'épreuves, de fléaux, de désastres, à coups de blessures et de préjudices. La résilience naît de la souffrance. Elle est la compétence acquise par le martyre. Est-ce vraiment une chose enviable ?

L'espérance de vie en Russie est de soixante-douze ans en moyenne, soit dix ans de moins qu'en France. Le taux de suicide y est quant à lui l'un des plus élevés au monde. Il est trois fois supérieur à celui de l'Allemagne, quatre fois supérieur à celui de l'Espagne. Tout cela est la preuve, sans doute, que si le peuple russe est résilient, la résilience a ses limites.

Dans cette prison, j'ai quelquefois flirté avec ces limites.

Et une fois, une horrible fois, j'ai vu quelqu'un atteindre les siennes.

C'était un matin, peu après le lever du soleil. Alors que le silence régnait encore sur toute la prison, un bruit peu commun le transperça et me réveilla aussitôt. Je sursautai, bondis sur mes pieds, puis, le cœur battant, je retins mon souffle jusqu'à entendre ce même bruit se répéter. Deviner la cause ou l'origine d'un son est plus difficile qu'il n'y paraît. L'imagination est trompeuse. Et davantage lorsque ce son est vif. Les deux craquements perçus plus tôt l'avaient été. Je me retrouvai dès lors à tendre l'oreille, à rester à l'affût et à patienter en silence. Je ne dus pas attendre bien longtemps pour que le raffut revienne, un raffut cette fois différent.

À la suite des deux craquements, j'entendis trois échos sourds puis un cri, celui d'un gardien que j'identifiai illico, un gardien qui balança l'ordre de cesser. Ordre à qui et de cesser quoi ? Mystère. Mais de toute façon, il était déjà trop tard. À peine cet ordre entendu je vis devant ma fenêtre une masse tomber, une masse informe et sombre. Et je compris aussitôt.

Je compris ce que c'était, et je compris ce qu'avait été chacun de ces bruits.

Les deux premiers : des bruits de vitre qu'on brise. Les trois suivants : ceux d'un élan pris à la hâte. Et enfin le cri d'un gardien face à l'impensable, face à la chute d'un détenu.

Devant cet immeuble, le jour de mon arrivée, j'avais remarqué que les fenêtres n'avaient pas toutes de barreaux. Au deuxième et au cinquième étage, il n'y en avait même aucun. Une âme à bout venait à l'évidence d'en profiter pour se jeter dans le vide. Et je me retrouvai simplement stupéfaite dans le silence tout juste revenu, un silence affligeant qui se prolongea alors.

Une bonne partie de la matinée, je restai ainsi plantée là, devant ma fenêtre à fixer l'horizon. Je le scrutai et, en revoyant encore et encore la masse, *ce corps*, tomber juste là, passer devant moi, pas une seule fois je ne me demandai *pourquoi*.

C'est pourtant la première question qu'on se pose en pareil cas. Une question ouverte sur bien d'autres ; sur un grand nombre de *pourquoi*. Pourquoi ce saut ? Pourquoi ici ? Pourquoi maintenant ? Des questions avec des réponses sans doute évidentes.

Nos forces sont épuisables, notre résistance n'est pas sans fin. La résilience du peuple russe est à plaindre, non à admirer.

14

La visite

Jamais personne n'est à l'abri d'une surprise. C'est à la fois inquiétant et réconfortant. Depuis ma condamnation et mon arrivée dans ce camp rouge – et davantage depuis ces derniers jours où tantôt je recevais telles insultes, tantôt je subissais tels supplices –, j'avais vu mes espoirs diminuer, se faner, quelquefois renaître. Et avec eux, c'est mon moral qui avait aussi fluctué, se rehaussant parfois, plongeant souvent vers les abîmes. Toutefois, jamais encore je ne l'avais vu aussi bas qu'après ce drame, dans les heures suivant le saut dans le vide de cet inconnu.

C'est une évidence : lorsqu'on est au plus bas, recevoir la visite de quelqu'un peut être d'une aide précieuse. Cela permet de rétablir un lien au monde, à l'autre, et surtout de constater qu'on compte encore un peu, qu'on se soucie toujours de nous, qu'on n'a pas entièrement cessé d'exister.

La responsable de cette boucherie avait cependant été claire le jour de mon arrivée : je ne pouvais rien attendre de ce régime strict, je ne pouvais espérer aucune visite extérieure. C'était pourtant un de mes droits, au même titre que le droit à la dignité et celui au respect. Mais comme elle l'avait aussi précisé, *au diable mes droits.*

Évidemment plus le temps passait, plus j'en souffrais. Le contact humain est ce qui nous éloigne de la bestialité. Et ici même je n'en avais aucun. Lorsque je faisais face à un semblant d'homme, c'était toujours l'un ou l'autre geôlier, soit ni plus ni moins qu'un monstre. C'était à en perdre tout espoir. Mais je l'ai dit, jamais personne n'est à l'abri d'une surprise.

Et c'est la nuit suivante que j'eus la mienne. C'est lors d'une nuit pleine d'étoiles, parfait théâtre d'un événement fantastique, qu'elle se déclara. Le froid nocturne avait déjà entièrement saisi la terre, il devait donc approcher minuit. Lorsque j'expirais, le froid était tel que je produisais de la buée. Et je la voyais s'échapper de ma bouche, je la voyais me quitter à chaque expiration, s'envoler devant moi, puis rejoindre l'ampoule incrustée au plafond avant de disparaître comme par magie.

Pour repousser au plus loin le souvenir de ce saut, celui de ces quelques bruits en amont et de cette image de corps qui tombe devant ma fenêtre, cette image qui, si je n'y veillais pas, se reformait sans cesse dans ma tête, j'avais vite fait de me concentrer sur ce tour de magie créé par le corps. C'est fou ce que l'on trouve pour s'occuper. Donnez à un enfant une boîte en carton vide, il vous en fera un château. Donnez à un prisonnier de la buée, un cheveu, une poussière, il vous en fera le protagoniste d'un spectacle, la première étoile d'un ballet.

À la production de cette buée depuis de longues heures,

j'attendais que la fatigue m'assomme. Et c'est là que, sans prévenir, je vis arriver l'improbable, un visiteur extérieur. Ce ne fut pas un avocat ou une quelconque connaissance, ni même un être de mon espèce. Mais il ne me parut pas moins important. Il s'agit d'un curieux animal – un bien réel cette fois – qui s'était glissé entre deux barreaux de ma fenêtre, là où la vitre était brisée.

C'était une magnifique pipistrelle commune, une chauve-souris au pelage dorsal roux, au ventral plus clair.

Elle avait un petit corps rondouillard pas plus grand que mon poing, mais elle volait avec majesté, elle dansait avec grâce. Et je n'oublierai jamais sa danse. D'abord, en vol stationnaire, elle se présenta face à moi. Elle ne me salua pas. Ce n'était pas un énième délire, une nouvelle hallucination. C'était la réalité. Elle se présenta face à moi, me jaugea, me jugea, puis battit en retraite. Elle s'éleva ensuite dans les airs de trois battements d'ailes, puis elle tournoya dans mes cinq mètres carrés pour mieux en prendre possession. Cela fait, elle forma des cercles, elle forma des « 8 ». Puis de gauche à droite en vol battu, en vol tendu, en vol plané, et de droite à gauche en chute libre, chute de justesse rattrapée ; elle dansa rien que pour moi.

Un tour, deux tours, trois tours, je la suivis du regard en admirant tantôt ses courtes oreilles, tantôt son museau noir. Ça ne dura pas longtemps. Une minute, peut-être deux. Mais quelle visite ! Et comme elle était venue, cette chauve-souris repartit simplement. Comme elle m'était apparue, elle me quitta, non sans me laisser le souvenir de sa visite, de sa danse et de son vol ; un souvenir qui éloigna un peu plus loin celui des bruits de chaos au-dessus de ma tête et celui du corps de cet inconnu tombant sous mes yeux, du corps de ce malheureux mettant fin à sa vie.

Refuser à un prisonnier toute visite est non seulement faire fi d'un de ses droits fondamentaux, mais c'est aussi lui enlever son lien au monde extérieur, son lien à l'espèce humaine, et finalement son lien à la vie. C'est lui encombrer l'esprit, lui éroder l'âme, lui abîmer le cœur.

D'aucuns penseraient que rester quelques semaines sans visite est on ne peut plus supportable. Mais la solitude contrainte agit toujours comme un poison. Elle s'insinue et vous détruit de l'intérieur, elle vous tue à petit feu.

La visite surprise de cette chauve-souris, ces quelques secondes de compagnie qu'elle m'offrit, fut l'unique bonheur que j'eus dans ce camp rouge. Et il fut d'autant plus grand qu'il fut sincère et entier, naturel et profond.

Même au cœur du désastre, j'ai appris qu'il y a encore moyen de trouver quelques charmes. Même au cœur des ténèbres, j'ai vu qu'il résidait toujours quelques lumières, insuffisantes toutefois pour éternellement nous sauver.

15

Les soins

Sur toute la durée de ma réclusion, je n'ai vu qu'une seule fois un médecin. Il ne l'était d'ailleurs pas vraiment. Selon ce que j'en sais, c'était un ancien vétérinaire, un retraité actif au service de l'État. Je le rencontrai presque à la fin de ma détention, alors que j'étais dans un état critique à cause d'un gardien qui avait passé ses nerfs sur moi sous prétexte que j'avais fait trop de bruit à son passage. Sous l'un de ses coups, j'avais hérité d'une plaie au front qui ne voulait pas se refermer d'elle-même. Je perdais sans discontinuer quantité de sang et ne parvenais bientôt plus à rester debout. Cette épreuve-là fut un réel coup dur. D'autant qu'avec le temps, j'avais fini par *supporter* la plupart de mes blessures. Si Sobolev ne me surprenait désormais plus – une autre torture consistait à débouler de manière erratique –, je parvenais à garder constant le nombre de mes entailles et de mes ecchymoses. La majorité des premières plaies avait même déjà cicatrisé.

Alors que j'étais bien malgré moi dans cette fâcheuse posture, Sobolev finit donc par me conduire au rez-de-chaussée de la prison pour que ce docteur m'ausculte et me soigne, choses qu'il fit avec une minutie à laquelle je ne m'attendais pas. Je passai d'ailleurs dans cette petite pièce blanche les quarante minutes les plus douces de ma détention, et ce, malgré la brûlure de l'alcool à 90° déversé sur ma plaie et les huit points de suture qu'il réalisa à la naissance de mes cheveux sans véritable anesthésie.

Sans doute est-ce la rencontre de ce médecin qui me permit de souffler, la présence d'un soignant et non d'un bourreau, d'un consolateur et non d'un tortionnaire. Quand j'y pense aujourd'hui, je comprends qu'il fut le seul que je croisai en cet endroit qui, d'une façon ou d'une autre, n'augmenta pas ma misère. Il ne me sauva pas non plus, mais il me convainquit de nouveau que je pouvais encore l'être, que je pouvais certainement m'en sortir. C'est en me parlant comme on parle à un être humain qu'il m'en persuada. C'est en me soignant comme on soigne quelqu'un qui va encore vivre, en faisant preuve d'un peu d'empathie. Pendant quarante minutes, je fus ainsi soignée et, à demi-mot, à mots retenus, consolée. Cela paraît peu à l'échelle du reste. Mais sans cette rencontre, j'ignore ce qu'il serait advenu de moi.

Le souvenir du saut dans le vide d'un de mes camarades d'infortune ne me quittait plus, comme celui des nombreux cris de désespoir des autres. C'était l'idée même d'en finir qui avait fini par me saisir, une idée qui n'avait ensuite plus cessé de me poursuivre. Certains pensent qu'il faut être lâche pour abandonner sa vie. Je crois, pour ma part, que la lâcheté n'habite que celui qui nous pourrit l'existence au point de nous faire croire qu'il est mieux de la fuir.

La rencontre de ce médecin, à ce moment critique de ma détention, m'a sans doute doublement sauvée. Elle m'a d'abord sauvée d'une hémorragie qui, en quelques minutes, aurait pu me vider, puis de ces pensées sombres qui, en quelques heures, auraient pu me détruire.

16

L'attente

Le médecin avait-il ordonné à mes bourreaux de me laisser me reposer ? Je l'ignore. Mais je passai les vingt-quatre heures suivantes sans recevoir aucune de leurs visites.

Pour la première fois depuis le 17 mars et mon arrivée en cet endroit, Sobolev ne vint pas m'insulter ou me frapper, ni même me jeter un seau de pisse pour me réveiller.

Je profitai donc de cette accalmie pour simplement dormir, me reposer dans une ambiance bien plus tiède, signe que le printemps s'annonçait.

La lumière, encore et toujours allumée dans ma cellule, ne me dérangeait plus vraiment. Preuve sans doute qu'on s'habitue à tout.

Dans l'univers des rêves, cet univers si particulier où n'existe ni bruit ni douleur, ni froid ni peur, je parvins donc à m'évader quelques fois avec plaisir. Mon unique souci est que je ne parvenais jamais à y rester longtemps. Mon inconscient m'obligeait régulièrement à me réveiller pour *vérifier* ; vérifier que j'étais toujours en vie, que j'étais bien seule, vérifier que personne n'arrivait, que ma situation n'avait pas empiré. Ma plus grande crainte restait de recevoir de l'urine sur mes plaies, celles de mes mains et de mes avant-bras. Je craignais par-dessus tout l'infection. Mais sitôt que j'étais rassurée, je me rendormais toujours pour me réveiller plus tard et de nouveau apprécier le *statu quo* et sombrer encore.

Je fis ça les premières heures jusqu'à ce que débarquent les questions dérangeantes ; des questions insolentes qui venaient et s'en allaient, qui s'en allaient toujours à l'exception d'une : celle de la véritable raison de cet arrêt des hostilités.

Je ne parvenais pas à croire que Sobolev ou un autre gardien suive purement et simplement les recommandations d'un médecin. Et encore moins que mon état s'était arrangé. J'avais été recousue, j'avais cicatrisé, je ne risquais plus vraiment la mort. Pourtant la pause se prolongeait bel et bien.

À force d'y songer, j'en arrivai à penser que cet arrêt était peut-être le signe de ma sortie prochaine. C'était sans doute ridicule. Mais ça faisait longtemps que j'étais là. Dans mon esprit, j'ignore pourquoi, ça faisait sens. Un sens, *bon sens,* curieux dans ce chaos.

17

Le placard

De ma petite enfance, je garde le souvenir de ces moments où, après m'être endormie dans la voiture ou dans le fauteuil, je me réveillais dans mon lit. Ce n'était pas un miracle. C'était simplement l'œuvre de mon père qui, veillant sur moi, prenait grand soin de me transporter sans un bruit pour que je continue de rêver. Lorsque je me réveillais alors, je ressentais toujours un flottement, quelque incertitude. Mais tout cela s'évaporait aussitôt que je réalisais la manœuvre, que je pensais à mon père. Et je souriais forcément, j'appréciais le moment.

La veille de ma sortie, lorsque je me réveillai dans un endroit différent de celui où je m'étais endormie, je ne souris ni n'appréciai le changement. Sans doute, je réalisai tout de suite qu'il n'avait pu être du fait de mon père, ni même que j'avais atterri dans mon petit lit d'enfant, là-bas, à Voronej. Le flottement alors ressenti était chargé de panique, d'incertitude, d'effroi. Et cet effroi ne cessa plus de croître à mesure que je tentai de me rappeler ce qu'il venait de se passer.

À chercher, je finis par me souvenir que j'avais été violemment extraite de mon cachot par trois gardiens, dont Sobolev. Je me souvins ensuite avoir reçu un coup sur la tête dans l'entreprise, un coup qui avait illico rouvert la plaie juste recousue sur mon front. Je me rappelai aussi avoir été traînée sur quelques mètres avant de perdre connaissance dans la cage d'escalier. Qu'était-il enfin arrivé ? Je l'ignore toujours.

À mon réveil, je remarquai simplement que j'étais assise sur la chaise qui trônait au milieu du bureau de la déléguée Kotova et que cette dernière, postée devant moi, me regardait salir de mon sang son mobilier et son sol. Une vision d'horreur, s'il en est. Il me fallut quelques secondes pour recouvrer suffisamment mes esprits et pour entendre distinctement la gardienne en chef de ce camp rouge râler, puis ordonner à Sobolev de m'attacher les mains, de me les embarbeler sans traîner. Un tour, deux tours, trois tours ; je regardai, un peu perdue, ce rustre opérer, et remarquai comme à chaque nouveau tour il rouvrait d'anciennes plaies, comme à chaque nouveau tour il en créait de fraîches.

Pour tout dire, je n'eus ni le temps de grimacer ni celui de me plaindre : sans en avoir reçu l'ordre, Sobolev me saisit, me souleva, puis me poussa hors de ce bureau, dans le couloir. Je parcourus alors neuf ou dix mètres avant d'être stoppée devant une porte, qu'un autre gardien s'empressa d'ouvrir d'un tour de clé. Et sans que j'aie le temps de voir quoi que ce soit, je fus jetée dans l'espace qu'elle gardait, une nouvelle cellule qu'il m'est presque impossible de décrire.

La porte refermée, je fus aussitôt plongée dans le noir complet. Après trente jours de lumière, cette obscurité soudaine me surprit d'abord, puis m'oppressa. Et j'eus le plus grand mal à m'y habituer.

Les mains retenues et meurtries par le barbelé, et le crâne en miettes, je tentai tout de même de jauger l'espace en tâtonnant tout autour de moi. Mais chaque geste m'était douloureux. Fort heureusement, je ne dus pas en faire beaucoup pour réaliser combien les murs étaient ici proches les uns des autres, si proches que cette pièce ne pouvait être que minuscule, sans doute à peine plus grande qu'un placard à balais. Je constatai d'ailleurs que je ne pouvais m'y coucher, pas plus que je ne pouvais m'y asseoir sans plier les jambes.

D'une cellule de la taille d'un caveau, j'étais donc passée à un cachot de la taille d'un cercueil : un changement brutal et terrifiant qui me fit alors trembler. De la tête aux pieds, subitement et douloureusement. Je tremblai jusqu'à ce que je parvienne à me recroqueviller sur moi-même et retienne mon propre corps. Et je ne pus m'empêcher de rire de moi, de rire de ma naïveté d'avoir un peu plus tôt pu penser que mes bourreaux s'étaient peut-être calmés à l'approche de ma sortie.

Lorsqu'on ne craint pas les conséquences de ses forfaits, on a que faire d'en laisser derrière soi les preuves. Sans jamais en payer le juste prix, la Russie de Poutine a commis en deux décennies un tel nombre de crimes, dans le pays comme à l'extérieur, qu'elle n'a certainement plus peur de rien.

En vingt années, c'est près de 2 500 rassemblements de protestations qui ont eu lieu en Russie. Ils ont rassemblé plus de 2 400 000 manifestants. Des milliers ont été insultés, blessés, arrêtés. Des centaines d'entre eux ont été emprisonnés et torturés. Certains même ont été tués. Dans le monde, pas de réaction si ce n'est des semblants d'indignations et molles réprimandes. Jamais rien de plus que quelques sanctions économiques de second ordre de la part de l'Occident, des sanctions dont le maître du Kremlin n'a jamais lui-même souffert.

Au nom des stratégies géopolitiques et autres ententes commerciales, le régime de Poutine a bénéficié d'une telle impunité qu'elle a fini par définitivement le transformer en un monstre d'indifférence.

Dans ce placard, au cœur de cet étrange camp rouge dressé par ce système, je constatai non sans amertume jusqu'où toutes ces erreurs nous avaient conduits. Sans doute était-il à présent et plus que jamais raisonnable de redouter la suite, de redouter le pire.

18

Les dernières heures

Parfois, savoir qu'on n'est pas seul rassure. Savoir que d'autres ont vécu ça, que d'autres en sont passés par-là ou expérimentent en même temps que nous les mêmes horreurs nous aide à mieux les vivre. Parfois c'est le cas. Mais jamais dans un endroit comme celui-là. Lorsque je perçus de ce placard et pour la première fois les cris d'un autre, ses plaintes, ses prières face à une atroce souffrance, je regrettai de ne pas être seule. Ses cris étaient proches, presque à mon oreille. Et ils étaient accompagnés de bruits de coups, de coups répétés, de coups violents. Un coup, deux coups, trois coups. Et après les coups, je comptai les secondes ; dix, quinze, vingt secondes. Puis soudain, un autre bruit, celui si caractéristique d'un seau qui se vide. Ensuite, les échos d'une porte qui claque, d'une clé qui tourne dans une serrure, et de pas qui s'éloignent. Trente secondes, en tout et pour tout ; mortifères. Et autant que le silence qui revint alors. Et là il me faut avouer que j'avais presque oublié comme le silence et l'obscurité formaient une paire redoutable. Dans ce placard, face à leur alliance, je me le rappelai soudain.

J'aurais pu l'apprécier, ce silence. Comme on aime le soleil après la pluie, la chaleur après le froid, le jour après la nuit, on aime généralement le silence après le vacarme. Mais pas là. Pas moi.

Ce silence, je ne parvenais à l'appréhender que comme le calme *avant* la tempête ; une tempête qui se préparait à s'abattre sur moi. Il fallait que je m'y prépare, mais j'ignorais comment, j'ignorais même si c'était possible.

J'étais impuissante, faible. J'étais coincée. Et je le constatai amèrement lorsque la porte devant moi s'ouvrit à son tour.

Je vous le dis d'emblée, n'espérez aucun détail de ce moment. Ma porte s'ouvrit si rapidement que je n'eus le temps de rien voir. Après coup seulement, je devinai ce qui s'était produit, à savoir qu'un salaud m'avait asséné un coup de matraque avant de me balancer un énième seau d'urine sur la tête, cette fois aussi chargé d'excréments.

Ainsi à bout portant, je ne pus rien éviter. Ni l'urine ni la merde, ni le dégoût ni la nausée. D'ailleurs, je ne mis pas longtemps à déverser mes tripes sur mes genoux et mes pieds que j'avais rassemblés sous moi, et à ajouter à l'odeur pestilentielle de cette mélasse celle de mon propre vomi ; un vomi acide et liquide, mon estomac étant désespérément vide.

La folie des hommes est totale ou n'est pas. Dans cette prison et alors, elle l'était.

Allais-je désormais voir me tomber sur la tête pire

encore ? Je ne pouvais plus en douter. Peut-être allais-je même bientôt devoir faire face aux dix plaies d'Égypte. Dans le livre de l'Exode que m'avait un jour lu ma tante Ninia, je me rappelais qu'il était rapporté que Dieu avait infligé à l'Égypte dix châtiments pour pousser le pharaon de l'époque à libérer les Hébreux qu'il maintenait en esclavage. J'avais alors apprécié l'histoire, et davantage après l'avoir vue portée à l'écran par Charlton Heston et Yul Brynner dans *Les Dix Commandements*.

Reste que mon état d'esprit était désormais tout autre.

Dieu, je me souvenais parfaitement, avait d'abord changé les eaux du fleuve en sang, puis couvert le pays de grenouilles, de poux et de mouches. Il avait encore fait apparaître sur les animaux et les hommes pustules et furoncles, avant de balancer grêle, sauterelles et ténèbres, et de terminer en apothéose par la mort de tous les premiers-nés. Un sacré programme, s'il en est, que je redoutai à présent de subir à mon tour, ici même, à quelques exceptions ou changements près.

Vu l'endroit et les conditions, il était fort peu probable que je reçoive sur la tête de la grêle. De même que je ne pouvais assister à la mort d'aucun nouveau-né. Mais là il restait tout de même plausible que je voie fondre sur moi toutes ces bestioles dont j'ai toujours eu horreur ; ces grenouilles, ces poux et ces sauterelles. Y en avait-il à Biriouliovo ou plus largement dans cette région de la Russie en cette période de l'année ? Je l'ignorais, mais je savais pour en avoir déjà aperçu dans mon cachot qu'il y avait dans ce bâtiment nombre de blattes, de punaises, d'araignées, de mouches et de rats ; des petites bêtes qui feraient certainement ici bien l'affaire.

En ce qui concerne les eaux changées en sang, c'est là une chose que je ne craignais plus vraiment, pour l'avoir déjà vécue. J'avais vu mes larmes devenir sang, comme ma salive et, j'ignore à cause de quelle infection, quelques fois mes propres urines.

Pour ce qui est enfin des ténèbres, elles étaient déjà si présentes dans ce placard qu'il était trop tard pour redouter leur venue. Sur le qui-vive, je me retrouvai donc dans cette antichambre à désormais attendre que quelque chose arrive, les yeux, un peu plus habitués à l'obscurité, en permanence braqués sur la porte. Ainsi, je distinguais encore mieux les bruits autour de moi. Je distinguais chaque cri et remarquais leurs différences. Pas un ne ressemblait à l'autre. Ils étaient longs ou courts, constants ou saccadés, graves ou aigus. Ils étaient uniques et, en même temps, ils avaient en commun d'être lourds, d'être chargés. Je le remarquai au point de me rappeler ce conte de Lermontov, ce « Démon » dans lequel il avait écrit :

« … un cri terrible de souffrance a troublé le silence de la nuit !… Dans ce cri il y avait de tout, de l'amour, de la douleur, un reproche avec une dernière prière, un adieu sans espoir, un adieu en pleine jeunesse ! »

Les cris que j'entendais alors transportaient-ils eux aussi de tout ? Je ne pouvais que le penser. Ils montraient de la terreur, de la souffrance, du doute, de l'incompréhension, et aussi du désespoir, du dégoût, criaient miséricorde, et aussi de la rage, de la colère, du dépit. J'en étais convaincue, car c'est exactement ce que je ressentais déjà, et encore un peu plus lorsque la porte devant moi s'ouvrit une deuxième fois et qu'un gringalet en uniforme, Taser à la main, m'asséna une décharge électrique qui me transperça la cuisse gauche. Aussitôt, j'entendis non plus les cris de mes camarades, mais les rires de quelques autres gardiens de cette boucherie, gardiens alors rassemblés derrière mon assaillant.

Et je sombrai sous leurs moqueries.

Je sombrai dans l'inconscience la plus totale jusqu'à ce qu'un deuxième coup de Taser, cette fois sur le pied droit, me ramène à la réalité. L'avais-je reçu dans la foulée du premier ? Je n'en savais rien. Lorsque je revins à moi, je faisais face au même bougre, mais plus personne n'était derrière lui. Alors qui sait ? Lorsque la porte se referma ensuite, je me mis à prier. Prier pour qu'un miracle se produise, pour que tout cela cesse. Mais rien n'arriva. Rien, si ce n'est la même chose. Encore et encore, à intervalles réguliers, ma porte s'ouvrit et je reçus quelques coups ou une décharge. À huit reprises, un gardien déboula du couloir armé d'une matraque ou d'un Taser. À huit reprises, il m'asséna un coup ou un choc électrique, avant de simplement s'éloigner.

Je m'évanouis les quatre premières fois, puis, habitude oblige, je ne perdis plus connaissance. Peut-être n'avais-je simplement plus la force de rejoindre ce refuge. Toujours est-il que je finis par devoir encaisser en pleine conscience tous ces coups et ces chocs. Je ressentis alors chacune des décharges me transpercer la peau, puis me parcourir le corps de la tête aux pieds avant de le quitter pour laisser place aux brûlures et aux peines ; des peines qui, à mesure, parvinrent à briser mes dernières résistances. Je le remarquai lorsque je reçus le huitième coup de Taser et lâchai un cri, ce cri que j'avais jusqu'alors pourtant réussi à contenir. Dans ce cri, il y eut, comme dans tous ceux des autres qui avaient précédé et qui continuaient à jaillir autour de moi, tout ce qui m'habitait alors : de la terreur, de la souffrance, de la colère, du désespoir. Mais aussi du dépit, de la rage, de la rancœur.

19

La libération

Je lâchai complètement prise peu après mon cri et sombrai dans le vague pour ne plus vraiment le quitter.

Je reçus encore un ou deux coups de pied et quelques insultes, mais tout cela reste lointain dans mon esprit, comme étranger à moi.

Je n'ai pour ainsi dire gardé aucun souvenir précis de ma libération. Sans doute ai-je fini par être relevée, délestée de mes entraves barbelées et jetée dehors. Mais après combien de temps, par qui et comment ? C'est un mystère.

Sans que je m'en rende alors vraiment compte, je repassai ainsi de la captivité à la liberté, des ténèbres à la lumière, je franchis les portes de l'enfer pour retourner sur terre.

J'avais tant pensé, rêvé, espéré ce passage qu'une fois mes esprits recouvrés, je n'osai d'abord le croire. L'impression qu'ils n'avaient pas terminé le travail, que mes bourreaux n'avaient pas pleinement rempli leur mission me retint quelque peu. Mon soulagement finit tout de même par apparaître puis par prendre le dessus.

Après quelques minutes sous une pluie fine et froide, à genoux devant cet immeuble qui ne révélait de l'extérieur toujours aucun indice des horreurs qu'il renfermait, qui retenait encore prisonniers de simples citoyens russes ouvertement critiques envers la Russie de Poutine, je finis par véritablement réaliser que j'étais sortie, que cette détention provisoire était terminée, que ce cauchemar était fini, *en partie* fini.

20

Tout a changé et tout est comme avant

Une des premières choses que j'ai comprises une fois sortie de ce camp rouge est que le monde n'avait pas cessé de tourner en mon absence. Rien de surprenant à cela, diront certains. Mais constater qu'il avait ainsi poursuivi sa course avec la même idiotie me désempara quelque peu. Je le découvris juste après avoir été recueillie par des militants des droits humains de la région de Biriouliovo. Ils se nommaient Pavel, Evguenia et Julia, et ils résidaient tous les trois dans un immeuble à deux pas de cet enfer, de cette boucherie. C'est avec eux que je passai mes premières heures de liberté recouvrée : une demi-bénédiction. Une demie seulement, car aujourd'hui encore, en pensant à ces trois-là, je ne peux m'empêcher de penser que la vie est mal faite.

Il y a parfois des gens détestables que l'on rencontre à des moments heureux, et des gens merveilleux que l'on rencontre à des moments de malheur. Autant les moments heureux font oublier le reste, autant le malheur colle à tout. Les gens merveilleux rencontrés dans un cadre tragique en deviennent indissociables, ce qui rend toute pratique amicale difficile. Le simple fait de les revoir, de leur parler, ramène au-devant de l'esprit le jour de la première rencontre, la détresse alors ressentie, la douleur, la terreur et le complet désespoir. Rencontrés en d'autres temps et circonstances, je ne doute pas un instant que Pavel, Evguenia et Julia seraient devenus de vrais amis. J'aurais certainement pu partager avec eux nombre de plaisirs, de fous rires. J'aurais encore pu grandir à leurs côtés et apprendre. Mais la vie est ainsi faite que l'on ne peut que regretter.

Des nouvelles du monde que je pus lire à ma sortie grâce à ces trois personnes remarquables, j'appris que le président des États-Unis Joe Biden avait traité Vladimir Poutine de « tueur », ce que son homologue turc Recep Erdoğan avait vivement critiqué tout en soulignant la « classe » du maître du Kremlin. Une classe d'escroc, certainement. Au détour d'un autre journal paru pendant ma détention, j'en eus d'ailleurs la confirmation en découvrant que Poutine avait fait adopter une loi lui permettant de rester au pouvoir en tant que président jusqu'en 2036. Je lus aussi que ce champion des urnes avait été deux jours plus tard de nouveau élu « l'homme le plus séduisant de Russie ». Fin mars 2021, auréolé de ce merveilleux titre, *l'homme le plus séduisant de Russie* avait apparemment échangé avec Angela Merkel et Emmanuel Macron au sujet du vaccin russe anti-Covid, du sort d'Alexeï Navalny et de la Libye.

En ce qui concerne le sort de l'opposant, je découvris sans surprise que les dirigeants des deux plus grandes puissances européennes s'étaient contentés d'« attirer l'attention du président Poutine sur sa situation et sur la nécessité que ses droits soient respectés, conformément à la Convention européenne des droits de l'homme, et que sa santé soit préservée ». Une déclaration qui, comme toujours, n'avait servi à rien et ne servirait pas davantage dans l'avenir.

Les conditions de détention d'Alexeï Navalny en témoignaient d'ailleurs déjà. Les médias faisaient état de ses détériorations, et cette nouvelle me surprit. En sa qualité de prisonnier surmédiatisé, l'on aurait plutôt attendu une certaine retenue de la part des autorités pénitentiaires. Privé de sommeil, isolé, laissé sans soins, il avait au tout début du mois d'avril entamé une grève de la faim pour ainsi dénoncer le système pénitentiaire russe. Par le biais de ses avocats, il l'avait d'ailleurs alors décrit comme « inhumain » et avait souligné le sort des dizaines de milliers d'autres prisonniers. Retranscrite, sa déclaration m'avait remuée. Lui-même soumis à la brutalité carcérale, il n'avait pas oublié les autres et avait dit : « Ils sont inconnus, personne ne les protégera, personne ne s'en souviendra, personne ne contestera à leur place ce système inhumain trompeur. »

Je vis que du côté de la rue en Russie, du côté de ceux qui réagissent, les manifestations s'étaient poursuivies, tout comme les arrestations, les inculpations et les condamnations. Je lus aussi qu'une partie du monde avait décelé dès la mi-avril les premiers signes de la guerre en Ukraine. Je lus que Poutine avait commencé à masser ses troupes à la frontière ouest. Il était fait mention de quatre-vingt mille soldats pour *officiellement* effectuer des exercices et autres manœuvres. Mais comme je l'ai déjà écrit, en Russie il y a toujours deux versions à toute chose : la vraie version et l'officielle.

Tant de nouvelles en Russie, et aucun changement. Tant de nouvelles dans le monde, et la répétition des mêmes erreurs, la prolongation des mêmes problèmes.

21

L'hôpital

Lorsqu'on s'échappe de l'enfer, surgissent toujours deux questions : Est-ce bien fini ? Et que faire désormais ?

Trouver des réponses à cela requiert une force que je n'avais alors plus. Au sortir de ce camp, c'est à peine si je savais encore marcher. On dit qu'il ne faut jamais demander à une femme ni son âge ni son poids, par pudeur. Je n'ai pour ma part jamais eu de gêne à y répondre.

Lors de mon séjour dans ce camp rouge, j'avais trente-trois ans.

À mon entrée, je pesais cinquante et un kilos. À ma sortie, je n'en faisais plus que trente-neuf et demi. Avec mon mètre soixante et onze, je risquais donc à tout moment que l'un ou l'autre de mes organes lâche, que mon cœur cesse simplement de battre.

Recueillie à la sortie de ce camp par trois militants des droits humains, j'avais d'abord été transportée chez un médecin de la banlieue moscovite, puis chez un autre, et finalement je fus sortie du pays.

Le choix n'avait pas été difficile. Le système de santé russe est l'un des pires et des plus inégalitaires au monde. En province, on dit d'ailleurs toujours qu'« il y a Moscou, puis il y a le reste de la Russie ».

La plupart des hôpitaux n'ont pas été rénovés depuis les années 1970. La rouille est partout, la moisissure pullule. Un hôpital sur deux n'a d'ailleurs toujours pas de chauffage central, un sur trois ne dispose plus d'eau chaude.

En 1999 déjà, lors de mon premier séjour à l'hôpital – le deuxième si l'on compte celui de ma naissance –, pour l'ablation de mon appendice, je n'avais pu que constater et expérimenter cette misère. Elle ne m'avait toutefois pas vraiment dérangée. J'avais manqué l'école et c'était alors pour moi ce qui importait le plus. Mais j'ai tout de même gardé un souvenir déplaisant de ce passage, le souvenir d'une crasse incrustée, d'un inconfort extrême.

Outre l'état des bâtiments, les pénuries sévissent encore et toujours en Russie. Les pénuries de médicaments, d'ambulances en état de marche, de soignants aussi.

Après un mois de camp rouge, me remettre d'aplomb dans un de ces lieux et en ces conditions aurait été compliqué, voire impossible. C'est donc sans peine aucune que j'avais finalement accepté ce nouvel exil.

J'échouai en Allemagne quelques jours plus tard et fus confrontée à une réalité que j'avais jusqu'alors ignorée : les restrictions dues à la pandémie du Covid-19.

La situation sanitaire n'avait que peu évolué lors de

ma détention. J'arrivai en Europe en pleine campagne de vaccination et application du couvre-feu.

De nouveau, je fus donc placée à l'isolement. Il était d'un autre type et d'un autre ordre, certainement plus confortable que le précédent. Mais tout de même, j'éprouvai quelques difficultés à le supporter.

Certains s'habituent à la solitude, d'autres y trouvent même du plaisir ou de l'intérêt, mais pas moi. Reste que je m'y fis, grâce aux soins et au réconfort d'un personnel hospitalier humain.

Cinq semaines : c'est le temps qu'il me fallut pour commencer à retrouver mes forces, soit plus longtemps que pour les perdre. Je pouvais de nouveau tenir debout, manger et parler. Je pouvais également de nouveau m'endormir et me reposer plus de quatre heures d'affilée.

Pour en arriver là, je dus subir nombre de traitements. Une ostéosynthèse pour rapiécer mon avant-bras gauche. Deux greffes de la peau là où les décharges de Taser me l'avaient brûlée à un degré trop élevé. Une quantité importante d'antibiotiques pour soigner mes infections et en prévenir de nouvelles. Et de la chaleur, des mots, des rires, des sourires. Et des regards aussi ; des regards autres que ceux qu'un prédateur porte sur sa proie, qu'un tyran porte sur le monde.

Mes forces revenues, je pus enfin m'atteler à chercher les réponses à ces deux questions entêtantes : savoir si tout ça était vraiment terminé, et ce que je devais, pouvais dès lors faire.

Était-ce fini ? Étais-je sortie de ce camp rouge ? À

l'évidence oui. Mais étais-je pour autant sortie de cet enfer ? Certainement pas.

Le fait est qu'on ne se débarrasse jamais complètement de nos tragédies. Outre le souvenir de les avoir vécues, elles laissent toujours quelque chose en nous ; un vestige, un sinistre, une ruine dérangeante.

De ce camp rouge, j'avais hérité d'une angoisse qui, à certains moments, m'empêchait d'agir, de penser, parfois même de respirer. À force de ressentir sa présence et de sentir son poids, j'avais fini par me souvenir de ces mots d'Anna Akhmatova, de ces vers de la poétesse, reine de la Neva :

« Chaque jour il est un instant,
et trouble et chargé de menace.
À voix haute, les yeux somnolents,
je bavarde avec mon angoisse. »

Chaque jour, comme elle, et le reste de ma vie, j'allais ressentir cette angoisse. Et peut-être qu'à terme j'allais moi aussi être capable de bavarder avec elle, peut-être que j'allais un jour prochain parvenir à m'y faire.

Était-ce fini ? La détention, certainement. Mais ses conséquences ne faisaient qu'apparaître, elles ne faisaient que commencer.

Alors que faire désormais ? Seconde question entêtante.

Que faire avec cette angoisse, cette histoire, avec tout ça ? Que faire avec ce mal qui plombe la Russie, cette folie qui s'étend chaque jour un peu plus ? J'ai longtemps cherché. Je cherche sans doute encore.

22

Question de « politique intérieure »

On a coutume de dire que la parole libère. Elle nous libère nous-même d'un poids. Elle en libère d'autres du sentiment d'être seuls. Elle peut aussi libérer d'un doute, d'une méconnaissance. Mais la parole ne libère que si elle est écoutée.

Certains reprochent souvent aux opposants russes de ne pas assez dire, de ne pas assez faire, de ne pas assez oser. C'est là une chose qui me révoltait déjà, qui me révolte davantage aujourd'hui.

Lorsqu'à tout poing levé répondent les entraves, lorsqu'au moindre mot répond le bâillon, lorsqu'à toute protestation répond la violence, la volonté d'agir s'éteint peu à peu.

À armes égales, je n'en doute pas, l'opposition russe aurait depuis longtemps renversé le tyran. Mais les armes ne sont pas égales, elles ne l'ont même jamais été.

J'en avais déjà fait mention : il y a des dates qui nous marquent plus que d'autres. Le 22 septembre 2021 en est une pour moi.

Ce jour-là, et pour la première fois de ma vie – et la dernière, je l'espère –, je m'assis à la table de politiques.

Durant deux heures, je fis ainsi face à des hommes et des femmes d'obédiences différentes, qui avaient en commun de représenter le peuple européen, l'Union européenne.

C'était à deux pas de la Grand-Place de Bruxelles dans un lieu chaleureux, quoique encore soumis aux restrictions d'usage dues au Covid. Je me souviens encore des tables de huit personnes maximum, de la distance entre chacune d'elles, de l'obligation du port du masque sitôt debout. Et je me souviens d'eux cinq, ces cinq représentants de cette Europe si belle.

Pour la Russe que je suis, l'Union européenne a toujours paru idyllique.

Mon premier exil, mon exil contraint, avait coïncidé avec le début de la « zone euro » et la publication de la Charte des droits fondamentaux de l'Union européenne.

Je m'en souviens très bien, c'est le tout premier document que j'aie lu en français. En première lecture, j'avoue humblement ne pas y avoir compris grand-chose. Mais à force, j'avais fini par saisir ses mots, par comprendre son sens.

Dignité et liberté, égalité et solidarité, citoyenneté et justice : un ensemble de droits et de dispositions dont je ne pensais alors même pas qu'ils existaient.

De retour de cet exil, de retour en Russie, je n'avais pu que partager avec mes amis les détails de ce texte extraordinaire en leur affirmant alors qu'en Europe tout cela était la norme, ou visait à l'être. Mais il n'en était rien :

dans ce restaurant bruxellois, ce 22 septembre 2021, et face à ces mandataires européens, je le constatai amèrement.

Après leur avoir raconté mon épreuve, leur en avoir révélé les traces, après leur avoir montré quatre-vingt-quatre photos et onze vidéos de tortures subies par moi-même ou par d'autres dissidents russes, après leur avoir exposé simplement la réalité de la répression en Russie, il y eut d'abord un silence, long et lourd, absurde et blessant.

En entendant ce silence, je m'étais d'ailleurs souvenu du père Georgi Edelstein qui avait dit en son temps que « par le silence, Dieu est trahi ».

Dieu était-il alors trahi ? Seul Lui le sait. Mais je me sentis bel et bien perturbée, jusqu'à ce que l'un de ces officiels, tout serré dans son beau costume, se fende de la déclaration la plus improbable qui soit, de ces quelques mots qui résonnent encore dans mon esprit.

Il avait ainsi dit sans grande émotion : « Tout cela est bien triste, mais c'est une question de politique intérieure. »

La Russie de Poutine interpellait ses citoyens sans raison, condamnait sans preuve. Elle frappait les manifestants, les molestait, les blessait. Elle les détenait dans des cellules surpeuplées, les privait de leurs droits. Elle les insultait, les battait. Elle les violait, les torturait, les souillait, les humiliait. Et elle tuait parfois. Mais tout cela n'était que triste. Tout cela n'était qu'une question de politique intérieure.

Dignité et liberté, égalité et solidarité, citoyenneté et justice : des droits et devoirs simplement théoriques.

Quelques jours avant cette rencontre, la présidente de la Commission européenne avait tenu son traditionnel discours sur l'État de l'Union, dans lequel elle avait pris grand soin de tracer les grandes lignes à suivre en 2022.

De mémoire, il s'agissait de continuer la lutte contre le Covid, d'accélérer la transformation numérique, de mieux veiller à l'équité des conditions de travail ; d'intensifier la coopération européenne avec les pays extérieurs, et, enfin, de défendre les valeurs et les libertés européennes et de protéger l'État de droit.

Défendre les valeurs et les libertés européennes simplement à l'échelle de l'Europe n'a aucun sens. Cela ne fait que souligner l'insincérité de l'action. Cela signifie qu'on agit par conformité à des dispositions et non parce qu'on pense en notre âme et conscience que cela, pour soi-même et l'humanité tout entière, doit être fait.

Martin Luther King a dit que « celui qui accepte passivement le mal est tout aussi responsable que celui qui le commet. Celui qui voit le mal et ne proteste pas, celui-là aide à faire le mal ».

J'aurais tant aimé, ce 22 septembre 2021, à la table de ce restaurant bruxellois, voir ces cinq représentants de l'Europe réaliser que leur silence, leur distance, leur indifférence, ne faisaient qu'aider le diable à faire le mal.

23

La guerre

Les politiques ont pour moi ceci de prodigieux qu'ils sont capables de se montrer surpris lorsque s'impose l'évidence. J'ignore s'ils sont des acteurs hors pair ou simplement des idiots, ils n'en restent pas moins épatants.

Après l'annexion de la Crimée, les discours expansionnistes de Vladimir Poutine, après ses délires victimaires, ses propos complotistes, après avoir massé pendant des mois ses troupes à la frontière ukrainienne, après tout cela la réaction politique occidentale à l'annonce de l'invasion m'a tout simplement renversée.

Comment le maître du Kremlin, cet autocrate responsable des massacres de Tchétchénie, de Géorgie, du Donbass, de Syrie, ce réprimeur d'opposants, cet empoisonneur de Litvinenko, Skripal, Kara-Murza, Navalny, cet assassin d'Anna Politkovskaïa, de Boris Nemtsov et autres détracteurs, comment cet homme avait-il pu commettre pareil forfait ?

Jusqu'à la dernière minute, nombre ont refusé d'y croire. Mais à trop laisser le diable faire le mal dans sa propre maison, à trop le laisser de temps à autre déborder, est-ce si étonnant de le voir un jour aller sévir ailleurs ?

J'aurais bien ri de cette naïveté si la situation des Ukrainiens n'avait pas été aussi dramatique.

Et c'est là sans doute qu'on peut regretter de ne pas pouvoir revenir en arrière. Reste qu'à devoir composer avec le présent, il faut admettre que cela fut fait avec honneur. La réponse de l'Occident à cette attaque me soulagea d'ailleurs. Pour la première fois en plus de vingt ans, la réplique aux dérives de Poutine fut claire et sans ambiguïté, elle fut humaine et non commandée par quelques impératifs économiques.

Cela me ravit, moi la dissidente russe, même si cela me laissa une certaine amertume.

Quatre mois plus tôt, dans un restaurant bruxellois et face à la preuve de sacrilèges, d'outrages, de crimes commis sur une partie du peuple russe par le régime de Poutine, j'avais encore vu ce même Occident n'offrir que sa totale indifférence. Alors forcément, quelques questions m'apparurent, quelques contrariétés m'encombrèrent.

La vie d'un dissident russe valait-elle moins que celle d'un citoyen ukrainien ? Un dirigeant, quel qu'il soit, avait-il le droit de pratiquer la torture s'il ne l'appliquait que sur son propre peuple ? Y avait-il une limite territoriale à la pratique de crimes d'État ?

Le « deux poids, deux mesures » a toujours existé en ce bas monde, trahir les faits grâce aux généralités, aussi. Deux mois après le déclenchement de la guerre en Ukraine, j'en reçus un exemple concret.

De nouveau menacée en Russie pour avoir nommé cette invasion une *guerre* et pour l'avoir publiquement dénoncée sur des réseaux sociaux désormais interdits, j'hésitais à retourner chez moi pour en affronter les conséquences et pour tenter, peut-être, de faire là-bas ce que j'avais échoué à faire ici un an durant. Car il y avait déjà un an que j'avais été libérée, un an qu'avec des dizaines d'autres anciens prisonniers nous nous acharnions en Europe à révéler les conditions de détention des dissidents russes, un an que nous nous heurtions à l'indifférence des politiques.

Avec quelques compagnons d'infortune, nous retrouvâmes à Strasbourg et par le plus grand des hasards l'un des mandataires européens que j'avais moi-même rencontré huit mois plus tôt dans ce restaurant bruxellois.

C'était un mardi, le temps était clair, les rues étaient chargées de promeneurs. Et alors que nous nous baladions, nous le vîmes nous poursuivre, traverser une rue puis nous apostropher.

Comme dirait l'autre : « Je ne m'attendais à rien, mais je fus quand même déçue. »

Ce bougre me tomba dessus pour me reprocher de ne pas avoir, selon lui, suffisamment œuvré à l'époque pour arrêter cette folie qui touchait désormais le peuple ukrainien, cette même folie qui, je le rappelle, l'avait pourtant laissé indifférent lorsqu'elle touchait le peuple russe.

Là encore devant tant d'indécence j'aurais pu en rire. Mais non.

En une phrase de ce responsable européen, je réalisai

que d'« ennemis de la Russie », ainsi désignés parce que nous aspirions à plus de libertés, nous autres opposants russes étions aux yeux de certains passés à « ennemis de l'Europe », simplement parce que nous étions nés en Russie.

Dans la vie tout n'est pas noir ou blanc. Il y a parfois des gens bien coincés en enfer et des salauds cachés au paradis. C'est certainement injuste, mais refuser de le comprendre, c'est à cette injustice en ajouter une seconde, celle de ne pas être respecté à cause d'une différence acquise par la naissance.

Tous les Russes ne sont pas pour cette guerre. Tous les Russes ne sont pas pro-Poutine. Et tous les dirigeants européens ne sont pas exempts de reproches sur ce qui abîme le monde.

24

Retour en Russie

Le 3 mai 2022 à 17 h 15, et après un long périple – la Russie ayant fermé son espace aérien aux compagnies étrangères –, je reposai le pied dans mon pays.

À 17 h 19, soit à peine quatre minutes plus tard et à la suite d'un contrôle d'identité, je fus mise aux arrêts, puis transférée vers Saint-Pétersbourg.

La première chose que l'on voit en rejoignant l'oblast de Léningrad par-delà la frontière russo-estonienne est la forteresse d'Ivangorod.

Bâti au XVe siècle pendant le règne d'Ivan III, dit Ivan le Grand, cet imposant édifice médiéval fut un temps contrôlé par la Suède, puis appartint quelques années à l'Estonie avant de repasser sous appartenance russe à la fin de la Grande Guerre patriotique (la Seconde Guerre mondiale). Surplombant la rivière Narva, la forteresse d'Ivangorod fait face au château Hermann, un bâtiment construit, lui, par les Danois à la fin du XIIIe siècle. Ces informations sont bien inutiles, mais c'est à elles que je pensai en les voyant se matérialiser à la frontière, en la franchissant ensuite, en revenant chez moi.

Toujours est-il que je ne reçus pas un accueil chaleureux.

Durant mon arrestation et mon transfert, je n'eus d'ailleurs droit qu'à quelques mots des officiers en charge, qu'à quelques mouvements d'humeur, somme toute naturels. Les Russes revenant de l'étranger, si tant est que leurs noms apparaissaient sur une liste, étaient d'office interpellés et conduits à tel poste ou tel autre pour interrogatoire. Je fus ainsi moi-même trimballée jusqu'à Saint-Pétersbourg pour y être entendue.

D'Ivangorod à Saint-Pétersbourg, il y a un peu plus de cent cinquante kilomètres, une courte distance à l'échelle de la Russie. Nous la parcourûmes en deux heures, sans rencontrer la moindre difficulté. Le voyage en lui-même ne fut pas désagréable. Je le fis à l'arrière d'une voiture de police, certes menottée mais en compagnie d'un autre interpellé dont la présence me rassura.

Nous échangeâmes très peu. Après deux phrases, les officiers chargés de notre transfert nous intimèrent l'ordre de nous taire ; un ordre sec qu'aucun de nous deux jugea bon de défier. Avant que le silence nous soit imposé, cet autre avait eu le temps de me dire son prénom, Ilya, qu'il revenait tout juste de chez sa grand-mère à Tallinn et que tout cela était idiot, qu'ils avaient tous « perdu la tête ». Je ne pouvais lui donner tort, moi-même interpellée dès mon retour.

Cinq kilomètres à l'intérieur des terres russes, nous dûmes nous arrêter au poste-frontière de Komarovka. En attendant que les documents soient vérifiés, je m'étonnai de voir passer dans l'autre sens deux cars bondés de touristes russes, des véhicules fraîchement peints aux couleurs nationales et bariolés du symbole « Z » – symbole de soutien à l'armée russe en Ukraine. La forteresse d'Ivangorod a toujours été un lieu prisé par les férus d'histoire, je découvris qu'il l'était aussi par les abrutis.

Nous reprîmes la route et la parcourûmes à vive allure. Nous passâmes Novopyatnitskoe puis Kingiseppskii avant de traverser les bourgades d'Opolja, Lyalitsy, Kuty ou encore Korchany ; des patelins éloignés de tout, où la vie semble toujours suspendue.

À nouveau, nous traversâmes des kilomètres de forêts et de champs. Nous aperçûmes des horizons d'isbas bancales, des amoncellements d'ordures, des carcasses de voitures ou de camions, d'avions aussi aux abords du petit aéroport de Seltso – cette Russie rurale pour beaucoup méconnue.

Il nous fallut atteindre Kuippina pour retrouver des paysages moins abîmés, et Novogorelova pour retrouver des routes mieux entretenues. À moins d'une demi-heure de Saint-Pétersbourg, il était certainement temps.

Une chose qui m'interpella dans ce voyage fut la disparité des marques de soutien affichées à la guerre en Ukraine. Plus on se rapprochait des grandes villes, plus elles étaient nombreuses. Sans doute les informations n'avaient-elles pas encore été portées dans les campagnes. Pourtant la radio les dispensait bel et bien. Je l'entendis dans la voiture de police tout le long du trajet. J'ignore sur quelle station c'était, mais j'entendis distinctement ce qui était alors présenté comme des nouvelles du front, de l'évolution de « l'opération militaire spéciale », des avancées spectaculaires et du courage des forces armées russes.

Nulle mention ne fut faite en revanche de la résistance ukrainienne, des pertes russes, des protestations du peuple en Russie, des « нет войне » (« Non à la guerre ») peints sur les murs, des rubans verts accrochés aux statues, des incendies des bureaux militaires et autres sabotages sur le sol russe.

Je venais de plonger dans une autre réalité qui contrastait violemment avec celle que j'avais peu de temps avant quittée. La Russie n'est pas un autre monde. C'est un autre univers. Tout y est différent.

J'arrivai à Saint-Pétersbourg à 19 h 45 et fus immédiatement surprise par l'obscurité. C'était le printemps mais il faisait encore froid. Sur l'enseigne d'une pharmacie locale, je lus qu'il faisait à peine trois degrés dehors ; une température certes classique en cette saison dans le nord-ouest de la Russie, mais qui me dérangea tout de même. Il y avait le froid du dehors, mais aussi celui dans le véhicule de police, le froid du silence imposé depuis notre départ et celui de l'inconnu qui se profilait pour moi.

J'allais devoir subir un interrogatoire ; c'est ce qui m'avait été dit au pied de la forteresse d'Ivangorod. Mais avec qui, de quel type et m'exposant à quelles conséquences : mystère.

Et je dus encore attendre pour l'éclaircir, attendre et parcourir quelque sept cents kilomètres de plus, faire quatre heures de train supplémentaires pour obtenir des réponses.

J'avais presque oublié la façon de procéder des autorités russes. Trimballer les détenus, les épuiser physiquement, les égarer mentalement, entamer leur moral, créer de l'incertitude. Toujours changer les plans en cours, les modifier à la dernière minute, faire croire à l'épilogue avant d'offrir un rebondissement. Une forme de torture, une de plus.

Mon interrogatoire, contrairement à celui d'Ilya, mon compagnon de voyage interpellé en même temps que moi, devait se faire à Moscou. Pour quelle raison : je l'ignore. Peut-être que mon dossier judiciaire était trop fourni, trop lourd, trop encombrant pour être transporté, et qu'il était plus facile de m'imposer le voyage.

Je passai alors la nuit dans les sous-sols d'un bureau de police en compagnie de deux vieillards prénommés Igor et Pawa. Nous n'étions pas vraiment dans la même cellule. Ils étaient tous les deux enfermés dans celle d'à côté, un mur nous séparait donc. Mais ils étaient bien avec moi, je sentais leur présence. D'ailleurs, il y a fort à parier que la moitié du quartier la sentait aussi tant les deux bougres avaient dû boire quantité de *nastoika* au raifort ou quelque chose d'approchant.

Ils avaient à l'évidence été arrêtés pour ivresse sur la voie publique, sans doute pour refus d'obtempérer. Rien de très exceptionnel en Russie, mais avec eux ce fut tout de même une bien étrange nuit que je passai là.

Dans ma cellule, assise sur la planche amovible qui me faisait office de lit, je la passai à écouter ces ancêtres parler et chanter, installer dans ce lieu sordide une certaine gaieté. Ils étaient saouls, beurrés, pleins comme une barrique, bourrés comme une cantine, mais d'humeur joyeuse, sensible et compatissante ; d'humeur à me demander vingt fois si j'allais bien, à me rassurer vingt autres fois, à m'encourager vingt fois de plus.

Leur présence me fit grand bien. Même si je réalisai finalement que la première preuve d'humanité que je reçus à mon retour en Russie me fut offerte par ces deux vieillards ivrognes.

Le lendemain matin, je les quittai tout de même le cœur lourd. Je fus conduite à la gare, confiée à deux autres officiers, puis j'embarquai dans un train direction Moscou, direction cet interrogatoire depuis longtemps promis.

Quatre heures et sept cents kilomètres plus tard, j'arrivai dans la capitale russe. À nouveau, je dus prendre la route vers une autre destination – ultime rebondissement –, ma destination finale : le district de Tverskoï.

De mon interrogatoire, je n'ai pas retenu grand-chose si ce n'est quelques questions absurdes : Pourquoi j'avais à telle date et sur tel réseau social nommé l'« opération militaire spéciale » en Ukraine une « guerre » ? Pourquoi à tel autre moment sur tel autre réseau j'avais partagé telle information sur les combats en cours ? Pourquoi je ne montrais pas mon soutien aux forces armées russes ? Pourquoi je critiquais les décisions du président Poutine ?… Une agaçante saynète, rien de plus. D'autant que je n'y participai pas : puisqu'on m'avait refusé le droit d'être représentée par un avocat, je n'y vis aucun intérêt.

Arrivée à Moscou à midi, à Tverskoï à midi et demi,

je fus « interrogée » un quart d'heure, puis je reçus une amende et fus de nouveau escortée, cette fois vers un lieu de résidence à deux pas du parc Sokolniki, un appartement de douze mètres carrés, véritable palace comparé à ma cellule au camp rouge de Liovo et dans lequel je fus simplement assignée.

Sur quelle base, de quel droit et à la suite de quel jugement j'échouai alors là ? Je l'ignore encore aujourd'hui. Mais j'avoue que rien de tout cela ne me surprit. Non, la seule chose qui me surprit fut de constater que tout s'était passé sans réelle violence.

Un bracelet à la cheville, apposé à la hâte par une molle fonctionnaire, et un ordre de ne pas quitter les lieux pendant vingt jours ; ainsi se passa mon retour en Russie.

Les vingt jours en question, je restai donc assignée à résidence dans ce lieu inconnu. Vingt jours sans télévision, mais avec une radio qui ne captait que les ondes courtes. Vingt jours avec des livres, des dizaines de livres abandonnés là par je ne sais qui.

J'occupai mon temps à la lecture et à déceler dans les annonces radiodiffusées tel mensonge caché derrière telle nouvelle, telle absurdité sous tel prétexte.

J'écrivis aussi nombre de lettres. À ma mère, à ma sœur, à un ami, à Stéphane Barsacq, éditeur de ce livre et qui jusqu'au dernier moment avait tenté de me dissuader de revenir, à un de mes cousins qui n'habitait pas loin d'ici, et à quelques prisonniers politiques alors en colonie pénitentiaire.

Une seule fois au cours de ces vingt jours de résidence je reçus la visite de mon avocat, qui n'avait eu jusqu'ici aucun droit de regard sur toute cette affaire. Je lui confiai certaines lettres à poster, il m'en offrit d'autres reçues pour moi. Et je me rendis compte de l'importance de la correspondance pour quelqu'un privé de liberté.

Au camp rouge, treize mois plus tôt, je n'y avais eu accès. Je l'avais regretté de nombreuses fois, mais pas autant que dans cette résidence, quand rétrospectivement j'ai réalisé à quel point recevoir du courrier fait un bien fou.

Les gens l'ignorent peut-être, mais les prisonniers politiques, lorsqu'ils y sont autorisés, n'ont pour seule véritable occupation que lire et répondre aux lettres qu'ils reçoivent. Le reste de leur temps en détention n'est que solitude ou travail forcé, attente et inquiétude. Leur écrire, c'est donc leur ouvrir une fenêtre, c'est leur donner la possibilité de respirer un peu d'air frais.

Assignée à résidence, bracelet à la cheville, je respirai cet air frais venu d'ailleurs, avant de poursuivre ma peine, de replonger dans mon quotidien empêché.

25

Dezinformatzia

Dites une fois à un homme qu'il peut voler comme un oiseau, il n'en croira rien. Répétez-le-lui chaque jour et avec conviction, il finira par se jeter dans les airs, certain qu'il sait voler. C'est l'endoctrinement. Un endoctrinement d'autant plus immoral qu'il est utilisé sur de jeunes enfants. Mais la Russie de Poutine n'en a cure, elle est sans scrupule. Pour preuve : elle n'avance même plus masquée.

Dès le début de la guerre en Ukraine, je remarquai comme les cibles de la propagande du Kremlin s'étaient multipliées.

Au tout début du mois de mars 2022, Tsargrad, chaîne de télévision russe, diffusa à une heure de grande écoute un dessin animé de deux ou trois minutes visant à expliquer et à justifier auprès du jeune public la décision de Vladimir Poutine d'envahir l'Ukraine. C'était immature, ridicule, mais percutant : les Russes ne frappaient pas les Ukrainiens, ils leur retiraient simplement des mains le bâton avec lequel ils projetaient de nous battre.

Quelques semaines plus tard, c'est une courte bande

dessinée qui fut à son tour éditée puis distribuée dans certaines écoles, un album critique envers l'Occident et tout à la gloire des soldats russes. Ces derniers étaient dépeints comme des sauveurs, du peuple russe et de la planète entière. Il fallait par conséquent les encourager, les admirer et les prendre pour modèles.

Un jour de juillet 2022, je reçus de la part d'un ami qui vivait non loin de Perm un nouvel exemple de cette propagande décomplexée : il m'envoyait un lien menant à un jeu vidéo en ligne qui venait tout juste de sortir en Russie ; destiné aux enfants de six à douze ans, l'objet de celui-ci était « de pourchasser et de tuer les nazis ukrainiens au travers de l'Europe ». En suivant ce lien, j'échouai sur une plateforme sur laquelle jouaient et discutaient alors 18 503 internautes.

À gauche de l'écran, je découvris des petits personnages à l'apparence de soldats en train de fusiller, décapiter ou brûler d'autres personnages à la tête jaune et au corps bleu. À droite, une fenêtre rassemblait les remarques postées en temps réel par les spectateurs ou d'autres joueurs, des commentaires amusés, enjoués et très enfantins, sans doute à l'image du public connecté.

En reprenant aussitôt contact avec mon ami de Perm, j'appris que ce « jeu » était loin d'être unique. Depuis mars 2022, une dizaine de réalisations semblables avaient été mises en ligne et partagées à destination de la jeunesse russe. Celui qu'il m'avait envoyé était devenu dès sa sortie le plus populaire.

Ces petites incursions dans le cercle pourtant sacré de l'éducation des enfants, ces irruptions dans leur univers d'innocence, et qui m'avaient jusqu'alors plus déprimée qu'inquiétée, n'étaient en réalité que les prémices d'une prise totale de contrôle à venir.

Je le compris quelques jours avant la rentrée scolaire de septembre 2022 en recevant dans ma boîte mail, comme des millions d'autres Russes attachés d'une manière ou d'une autre au milieu scolaire – enseignants, éducateurs ou simples parents d'élèves –, un courrier du ministère de l'Éducation ouvrant l'année à venir.

En parcourant cette missive, je constatai qu'elle était inhabituellement chargée. Elle ne ressemblait en rien à l'introduction habituelle des années précédentes. Elle ne renfermait aucune tournure légère, aucun mot d'encouragement. Cette lettre ne contenait que de la gravité, de l'insistance, et les grandes lignes d'une nouvelle méthodologie déployée dès cette rentrée 2022 dans l'ensemble des écoles du pays, une procédure toute neuve visant à *ne pas laisser les écoliers seuls face à la guerre de l'information.*

Étaient ainsi annoncées de nouvelles matières et habitudes qui seraient adoptées *pour sensibiliser les enfants au patriotisme et à la morale pendant les heures de classe.* Par cette feuille de route, je fus informée que chaque semaine les écoles organiseraient dorénavant une cérémonie de lever du drapeau et la reprise en chœur de l'hymne national de la Fédération de Russie.

De plus, de nouveaux cursus allaient être introduits, comme celui intitulé « Parler de l'important », un bloc de cours construit pour traiter en profondeur *des valeurs familiales et de l'éducation, des opportunités, de la culture et des dates importantes de la Russie.* Dès l'école primaire, le programme serait axé sur *l'unité du pays* et *la nécessité de conserver et de protéger la culture et le peuple russe.* Au collège, priorité serait donnée aux conversations sur *l'opération militaire spéciale en Ukraine* et sur *le vrai patriotisme.* Au lycée, enfin, l'histoire serait au cœur de l'enseignement, *l'histoire vraie de l'URSS et de la Fédération de Russie*, ainsi que celle de Lougansk et de Donetsk, une histoire *russe et unie.*

Le Kremlin annonçait désormais sans détour formater les cerveaux des enfants russes, et avec une telle sévérité que j'en frissonnai. Il n'y avait dans cette lettre plus aucune retenue, aucun maquillage. Tout y était simplement dit, posé, déclaré : l'État s'imposait comme la seule source d'information autorisée après s'être imposé comme l'unique source d'autorité.

Le retour en arrière ne faisait dès lors plus de doute. Un chef unique et omnipotent, un parti unique, une pensée unique et déjà les conséquences : chaque jour des dérives par centaines depuis le 24 février 2022.

Des arrestations violentes pour avoir porté un pin's, une écharpe ou des baskets aux couleurs de l'Ukraine. Des amendes pour avoir brandi des affiches blanches ou des dessins de colombe. Des condamnations pour avoir utilisé le mot « guerre » en public, pour avoir écouté de la musique européenne dans sa voiture. Des dénonciations d'épouses par leur mari, de filles par leur père, d'employés par leur patron. Et des traques, de nombreuses traques de dissidents désignés anonymement, des traques dans les métros, les hôpitaux, jusque dans les églises.

Partout les preuves qu'une seule « vérité » pouvait désormais exister ; la « vérité de la Russie de Poutine » ; une vérité martelée à la télévision, propagée par les médias, exposée dans les arts et, à compter du 1er septembre 2022, inculquée dans les écoles.

Dites une fois à un homme qu'il peut voler comme un oiseau, il n'en croira rien. Répétez-le-lui chaque jour et avec conviction, il finira par se jeter dans les airs, certain qu'il sait voler. Et si par miracle il résiste et refuse de sauter, soyez sûr que quelqu'un le poussera dans le vide. C'est l'endoctrinement, les ravages de la propagande, le pouvoir d'une dictature.

26

De Marina à Artem

En Russie, et malgré ce que certains politiques, analystes, chroniqueurs européens en ont dit, l'opposition russe a dès les premières heures vivement condamné cette guerre en Ukraine et a manifesté en conséquence. Peut-être ne représentait-elle alors pas la majorité du peuple russe. Mais elle l'a fait, et en a bien souvent payé le prix fort.

Dès le 24 février 2022, l'opposition est sortie dans les rues pour dénoncer cette infamie. Au premier soir des manifestations, l'on comptait déjà 13 500 arrestations.

Le 26 février suivant, 3 000 autres manifestants furent interpellés. Et encore 6 400 le 3 mars, 5 000 trois jours plus tard. Parmi eux ce jour-là, 113 étaient des enfants. Et ces derniers furent, au même titre que les adultes, détenus dans des conditions indignes.

Lors de ces rassemblements, nombre de manifestants subirent des violences policières ou des actes de torture manifestes. Marina et Aleksandra furent de ceux-là.

Au soir du 6 mars 2022, Marina Morozova, vingt-deux ans, fut arrêtée puis conduite au bureau de police de Bratayevo. Lors de son interrogatoire, un officier la frappa à la tête avant de braquer son arme sur elle et de la menacer de lui tirer dessus à bout portant.

Aleksandra Kaluzhskikh, âgée, elle, de vingt-six ans, ne connut pas un meilleur sort. Dans l'enregistrement clandestin qu'elle parvint à faire de son interrogatoire et qu'elle publia ensuite, l'on peut distinctement la voir se faire battre, puis menacer de chocs électriques. L'on peut aussi y entendre l'un des officiers lui dire : « Vous pensez que je vais être sanctionné d'une manière ou d'une autre ? Poutine est de notre côté ! Vous êtes des ennemis de l'État, des ennemis de la nation. Nous aurons une prime pour ça ! »

Dans les semaines qui suivirent, bien d'autres femmes encore reçurent coups et menaces, bien d'autres hommes furent passés à tabac, électrocutés ou subirent diverses contraintes physiques. En outre, la plupart d'entre eux furent mis à l'amende. Certains furent même directement envoyés en prison.

En août 2022, la justice russe avait ainsi déjà passé en revue plus de 3 500 infractions. Moins d'un pour cent d'entre elles débouchèrent sur un acquittement. Cette donnée statistique s'explique par la tendance répressive que l'on appelle couramment *obvinitelny ouklon* et qui s'observe depuis plus de vingt ans en Fédération de Russie.

Depuis l'arrivée de Vladimir Poutine au pouvoir, les réformes initiées par Gorbatchev juste avant l'effondrement de l'URSS ont été, les unes après les autres, modifiées ou annulées.

L'année 2001 fut ainsi marquée par la fin de l'indépendance des juges ; 2007 par la création d'une nouvelle version de la *Prokuratura* – le redoutable parquet soviétique qui gérait en son temps la surveillance étatique de l'exécution des peines –, qui fut nommée « Comité d'enquête » et subordonnée au maître du Kremlin ; et 2014 signa le renforcement du pouvoir du président dans la nomination directe et la révocation des procureurs.

Tout cela explique que soit désormais réprimé ou emprisonné quiconque s'oppose à la guerre ou critique une décision politique. Et l'ampleur des arrestations consécutives aux manifestations anti-mobilisation prouve encore cette dérive.

Le 24 septembre 2022, au lendemain de l'annonce de la mobilisation, 1 300 manifestants furent en effet de nouveau arrêtés, puis 710 le jour suivant et un demi-millier une semaine plus tard.

Toute contestation est désormais interdite : une simple sortie dans la rue, une marche, un regroupement, chanter une chanson ou déclamer un poème expose le citoyen russe aux traitements inhumains et à la prison.

Le 26 septembre 2022 à Moscou, Artem Kamardin, poète qui avait la veille participé à un rassemblement des « Lectures Maïakovski » et lu en cette occasion un poème anti-guerre intitulé « Tue-moi, milicien ! », fut interpellé à son domicile. Il fut ensuite conduit dans un local du Comité d'enquête, où il fut battu et violé par les forces de l'ordre avant d'être contraint de s'excuser devant une caméra. La vidéo de ses supplices fut ensuite montrée à sa petite amie arrêtée en même temps que lui.

Le 28 septembre 2022, le tribunal du district de Tverskoï décida de son placement en détention provisoire et l'inculpa d'« incitation à la haine ou à l'hostilité envers les membres des formations armées volontaires des républiques populaires de Donetsk et de Lougansk », sans toutefois mentionner si les officiers qui l'avaient arrêté, battu et violé deux jours plus tôt avaient déjà reçu « une prime pour ça ».

En Occident, depuis le début de la guerre en Ukraine, une question a occupé nombre de débats, que cela soit à la télévision, sur les réseaux sociaux ou dans le cadre privé : pourquoi le peuple russe n'empêche-t-il pas cela, pourquoi ne renverse-t-il pas Vladimir Poutine ?

Pourquoi ? Eh bien parce que la Russie est vaste et que les peuples russes sont différents. Il est presque impossible que 140 millions d'individus répartis sur un territoire de plus de 17 millions de kilomètres carrés prennent en même temps la mesure des choses et critiquent d'une même voix ce qui ne peut être accepté. D'autant plus lorsque l'information est muselée, lorsque la censure est imposée.

Toute révolution a pour prérequis le nombre. Sans le nombre, aucun renversement de régime n'est possible. Lorsqu'un tyran est protégé par des dizaines de milliers de pantins chauffés à blanc et surarmés, lorsque la société qu'il a construite fait passer tout opposant pour un « ennemi du peuple », lorsque son régime jouit de toute la puissance médiatique, lorsque la majorité des gens vivent dans la réalité qu'il a bâtie, lorsque le pouvoir judiciaire autorise et encourage les exactions sur les opposants, lorsque ceux-ci ne sont qu'une poignée à oser se déclarer, ce tyran ne peut être renversé.

Les protestataires anti-guerre qui dès les premières heures se sont exprimés en Russie et qui continuent de le faire sont certainement courageux. Ils savaient et savent très bien qu'ils ne font pas le poids. Mais ils n'abandonnent pourtant pas le combat.

Depuis le mois de mars 2022 et l'adoption par la Douma d'une nouvelle loi sanctionnant de peines pouvant aller jusqu'à quinze ans d'emprisonnement les personnes qui diffuseraient des « informations mensongères sur l'armée russe, surtout si elles entraînent des conséquences sérieuses pour les forces armées », les opposants russes risquent leur liberté à chaque fois qu'ils posent un pied dehors ou prononcent la moindre phrase.

Habillés de trop de jaune et de bleu, écrivant un mot interdit, se rassemblant en trop grand nombre, ils s'exposent aux arrestations, aux humiliations, aux violences et aux condamnations.

D'aucuns aiment à penser que les dissidents russes pourraient encore faire plus, que malgré ces conditions ils pourraient renverser Poutine. Mais avec pour seule arme la parole et sans aucune protection, le combat est trop inégal pour raisonnablement espérer quoi que ce soit.

La vie n'est pas une fable. Dans la réalité, David ne peut vaincre Goliath sans une aide ou un miracle.

27

Fermeture des frontières

Après mon retour en Russie en mai 2022 et cette grotesque assignation à résidence, et face à la réalité du terrain, à l'impossibilité de ne serait-ce que dire ou faire quoi que ce soit sans être interpellée, mise à l'amende ou envoyée en colonie pénitentiaire, je repassai la frontière russe – dans ce sens et à la fin du printemps 2022, je ne rencontrai aucune difficulté – et retrouvai ce qui s'apparente davantage à la civilisation.

Je ne me doutais alors pas du changement à venir. Quatre mois plus tard, au lendemain de l'annonce de Vladimir Poutine de la « mobilisation partielle » qui n'avait de partielle que le nom, des centaines de milliers de Russes prirent la route de l'exil. Parmi eux, il y eut le peu de famille qu'il me restait encore là-bas, et c'est en suivant leurs périples que je pus constater combien les choses avaient changé.

En l'espace de quelques réunions politiques, les pouvoirs européens avaient fortement réduit les horizons et les possibilités de refuge pour les opposants russes. Au début du mois de septembre, nombre de pays d'Europe avaient ainsi décidé, en guise de nouvelle sanction envers le Kremlin, de limiter drastiquement l'entrée des citoyens russes sur leur sol.

L'évolution de la guerre, cet appel à la mobilisation, ne les fit pas reconsidérer leur décision. La Finlande la renforça même en adoptant à son tour cette limitation, ne laissant plus aux dissidents russes d'autres choix que de s'engager sur les routes du sud, vers la Géorgie, le Kazakhstan, la Mongolie ou plus loin encore vers la Turquie.

Ma tante Ninia et ses deux plus jeunes enfants durent ainsi rouler trente et une heures d'affilée pour atteindre le poste de Verkhni Lars à la frontière géorgienne et s'échapper. Mes quatre cousins de Nijni Novgorod furent, eux, obligés de parcourir, avec femmes et enfants, plus de mille huit cents kilomètres pour rallier Petropavl, dans le nord du Kazakhstan. Quant à ma belle-sœur et mon neveu, ils empruntèrent trois trains et deux bus pour atteindre la Mongolie.

Le bon sens aurait voulu que tous ces « déserteurs » soient aidés et non empêchés par les Européens. Lorsqu'on s'oppose à une guerre, lorsqu'on prétend tout mettre en œuvre pour la stopper, l'on se doit d'au moins éviter que soient engagés sur le front de nouveaux soldats. Mais il n'en fut rien. Et comme souvent, lorsque le bon sens fait défaut, c'est l'innocent qui en fait les frais.

En quelque cinq jours, les derniers membres de ma famille encore présents au moment de l'appel à la mobilisation parvinrent à sortir de Russie, à l'exception de

Vania, un de mes petits-cousins qui venait juste d'entamer ses études universitaires à Saint-Pétersbourg.

Éloigné des autres et perdu au nord-ouest du pays, il prit aussitôt part aux manifestations. Un soir, un matin, un autre soir ; il tint ainsi la protestation jusqu'à être interpellé pour avoir scandé « Non à la guerre ! » en brandissant un drapeau jugé « d'opposition » ; un étendard blanc-bleu-blanc, dépourvu du rouge sang, du rouge terreur dont a toujours été si fière la Russie de Poutine.

Embarqué par la police, il échoua bien vite dans une cellule, puis fut libéré le lendemain midi avec un ordre de mobilisation entre les mains, un bout de papier l'obligeant à se présenter dans les trois jours à un bureau de recrutement sous peine d'être de nouveau arrêté et inculpé pour « désertion ». Bien évidemment, Vania ne s'y présenta jamais. Cela n'empêche qu'il dut se rendre à l'évidence, celle de son impuissance, cette société civile russe étant plus isolée que jamais et les deux camps, désormais bien définis : le camp de la guerre surarmé, et celui de la paix sans bouclier.

Devant cette réalité, il décida alors de rejoindre à son tour la frontière la plus proche, située à l'ouest, débouchant sur l'Estonie. Mais hélas, sous prétexte de quelque crainte pour sa sécurité intérieure, ce pays d'Europe avait lui aussi pris la décision de refuser tout exilé russe. Certaines voix politiques estoniennes avaient été jusqu'à invoquer « une responsabilité collective des citoyens russes » et n'avaient pas plus hésité à juger les déserteurs comme des « soutiens implicites de Vladimir Poutine » car ils n'avaient, toujours selon ces voix, « jamais auparavant manifesté contre lui ». Une déclaration mensongère et ô combien hypocrite. Si les gardes-frontières avaient seulement pris la peine de vérifier, ils auraient d'ailleurs pu constater que mon petit-cousin avait, lui, déjà manifesté contre Poutine.

Le 5 mai 2018, alors qu'il n'avait que treize ans, il avait manifesté contre le Kremlin. En juillet 2020, en soutien à Sergueï Fourgal, il avait de nouveau manifesté contre ce régime. En janvier 2021, en soutien à Alexeï Navalny, il avait encore manifesté contre ses dérives. Et plus tard, toujours, en février et en mars 2022, il avait manifesté contre cette invasion, contre cette guerre en Ukraine. Avant cette folie, Vania avait plus d'une fois manifesté publiquement contre Poutine, à la différence des dirigeants européens qui l'avaient, quant à eux, et au travers de leurs politiques énergétiques et autres ententes commerciales, toujours soutenu.

Je me demande encore aujourd'hui ce qu'a ressenti mon petit-cousin sitôt après qu'il fut renvoyé par l'Europe dans les bras de cet ennemi qu'ils avaient pourtant en commun. De l'incompréhension, de la déception, du désespoir ? Sans doute un mélange de tout cela. Et sans doute aussi une profonde détresse.

Se voir ainsi refouler comme un vulgaire criminel à la frontière de l'Europe – cette même frontière qui laisse encore passer quelque rejeton d'oligarque russe pour qu'il puisse toujours profiter de sa résidence secondaire en France, en Italie ou en Grèce –, après toutes ces années d'oppositions et de combats, dut être d'une rare violence.

Contraint, et dans un état d'esprit que je ne souhaite à personne, Vania tenta cependant une nouvelle fois de fuir la répression et la mobilisation forcée. Il s'engagea sur la route du sud pour rejoindre la frontière géorgienne, là où, selon les rumeurs, il y avait encore moyen de passer ; un horizon situé à plus de deux mille neuf cents kilomètres de là. Mais il ne l'atteignit jamais.

En chemin, quelque part dans l'oblast de Saransk, il fut contrôlé par les autorités. À pied, il essaya encore de s'échapper, mais avec deux de ses compagnons de route rencontrés plus tôt il fut percuté quelques centaines de mètres plus loin par un fourgon de police.

Il aurait eu dix-huit ans le 3 novembre 2022. Il aurait eu dix-huit ans si Vladimir Poutine n'avait pas envahi l'Ukraine et si l'Union européenne n'avait pas fini par décider, pour sans doute prendre le contre-pied des complaisances passées, de punir sans plus aucune distinction tous les citoyens russes, y compris quelques opposants de la première heure, y compris quelques dissidents historiques.

Vania aurait sans doute mieux fait de fuir plus tôt. Mais là encore d'aucuns le lui auraient reproché.

Depuis le début de la guerre en Ukraine, force est de constater que l'Europe est devenue l'amie de tous. Elle est devenue l'amie de l'Arabie saoudite, pays qui bombarde le Yémen depuis des années et où la peine de mort est toujours d'application, la lapidation monnaie courante. Elle est devenue l'amie de l'Azerbaïdjan qui massacre l'Arménie. L'amie de l'Algérie. Et encore l'amie de la Pologne, de la Hongrie. L'Europe est devenue l'amie de tous, à l'exception du peuple russe.

C'est une évidence que quiconque fuit la mobilisation fuit la guerre, que quiconque fuit la guerre fuit la mort. Accueillir quelqu'un qui refuse de combattre n'est rien d'autre qu'accueillir la paix.

Mais comme toujours en politique, il y a les paroles, les actes et le cynisme.

28

L'opposition poursuivie

Aux lendemains du 24 février 2022 et de l'invasion de l'Ukraine par l'armée de Poutine, nombre de ses opposants directs n'eurent d'autres choix que de s'exiler.

À l'esprit de chacun d'entre eux demeurait certainement le souvenir de Boris Nemtsov, assassiné alors qu'il préparait une critique sur la guerre du Donbass de 2014 ; un rapport publié l'année suivante par Ilya Yashin, dans lequel on put lire les véritables raisons de cette offensive, le poids de la propagande dans son acceptation en Russie et finalement en Occident, mais aussi comment le Kremlin avait financé et armé les séparatistes, ou encore le réel coût humain de cette tragédie.

Le hasard voulut peut-être que Vladimir Poutine déclenche officiellement la guerre totale en Ukraine trois jours avant l'anniversaire de l'assassinat de Nemtsov, survenu sept ans plus tôt. Une coïncidence qui ne résonna pas moins douloureusement dans le cœur de l'opposition russe.

Avec le peu de perspectives qu'il leur restait et la

pression constante, la menace permanente du pouvoir, l'exil fut donc au plus vite entrepris par nombre de dissidents. Ne pensez pas qu'ils escomptaient se refaire une autre vie. À ce stade, ils n'espéraient plus qu'échapper à la prison ou à la mort, ou à s'en éloigner un peu, à la repousser encore. Car il serait bête de croire que, lorsque l'ennemi d'une dictature arrive à fuir, il ne craint plus rien. Une dictature n'a pas de frontière, les dictateurs n'ont aucune limite.

Je me souviens qu'enfant j'entendais souvent mon père dire que le KGB était *partout*. Lorsqu'une nouvelle tête apparaissait dans le quartier, lorsqu'il était frappé d'une sensation de déjà-vu, lorsqu'une belle voiture s'approchait trop de nos rues, il s'arrêtait toujours, l'observait longtemps et décrétait comme tout à fait possible que cela soit le KGB. C'était drôle, à l'époque. D'autant plus qu'il n'y avait absolument rien à voir, à trouver ou à suspecter dans les bas-fonds de Voronej. Mais il ne pouvait s'en empêcher.

Lorsque nous avions été contraints de nous exiler à la toute fin de l'année 1999, papa avait emporté avec lui sa certitude : le KGB pouvait être partout, et ce, y compris en Europe de l'Ouest, y compris dans ce petit village qui nous avait accueillis, dans son église, son épicerie et ailleurs.

À force sans doute de l'entendre, j'avais moi-même fini par le croire. De ma mère, j'avais bien hérité d'une tache de naissance au milieu de mon dos. Cela ne m'étonnait donc pas de finalement hériter de mon père cette profonde certitude. Le FSB – ex-KGB – pouvait être partout. Le danger pouvait être partout. Et les faits, ces dernières années, l'ont hélas et nombre de fois prouvé.

Des empoisonnements, réussis ou ratés – Litvinenko en 2006, Skripal en 2018 –, des règlements de comptes plus discrets, des agressions, des défaillances de voitures, et encore des suicides maquillés, d'étranges chutes. Un nombre étonnant d'« accidents » arrivent aux exilés russes, opposants au régime de Poutine, des « accidents » survenus sitôt la frontière passée.

Cette apparente malchance a d'ailleurs fait naître une bien curieuse plaisanterie au pays. Chez nous, depuis quelques années, on dit ainsi que les dissidents russes en Europe ont de la chance. En Russie, ils risquaient la prison ou la mort. En Europe, ils ne risquent *que* la mort.

Ça prête à sourire, ainsi dit, mais ça n'en reste pas moins dramatique. D'autant plus que tout cela continue et suscite de moins en moins l'indignation. Le cas récent d'Osechkin en témoigne.

Le 12 septembre 2022, alors qu'il se trouvait à Biarritz, Vladimir Osechkin, qui *via* sa fondation Gulagu.net dénonce et documente les faits de torture dans les prisons russes depuis plus de dix ans, remarqua un point rouge se déplaçant sur sa balustrade puis sur l'un des murs de son appartement. Il se coucha au sol, lui et sa famille, appela la police et attendit. À l'arrivée des forces de l'ordre, deux détonations retentirent, bruits de tir confirmés par les voisins.

Des méthodes crapuleuses, dignes de la Russie de Poutine, qui n'ont pourtant pas empêché certains de montrer encore quelque étonnement. Malgré les nombreux précédents, malgré les menaces de mort reçues par Osechkin, une des réactions largement partagées au lendemain de cette tentative d'assassinat fut le doute. Avait-il vraiment été visé par des tirs ? N'avait-il pas simplement mal interprété les événements ? Et avec ce doute apparut cette remarque, cet étrange constat déjà formulé : *si Poutine avait voulu le tuer, il serait mort.*

Je lus ces quelques mots un peu partout et ne voulus d'abord y croire.

Cela faisait bientôt sept mois que le régime de Poutine bombardait l'Ukraine, qu'il offrait quotidiennement et au monde entier des preuves de sa folie, de sa barbarie. Et pourtant, subsistait chez certains cette éventualité que Vladimir Poutine pouvait être innocent des malheurs de son opposition.

Ces réactions me ramenèrent immédiatement quelque deux années en arrière à l'époque de l'empoisonnement d'Alexeï Navalny. En réponse aux condamnations légitimes des politiques à cet acte criminel, je me souviens que certains journalistes, commentateurs et simples citoyens européens n'avaient alors déjà pu s'empêcher d'affirmer que *si Poutine avait voulu l'empoisonner, il serait mort.*

C'est sidérant comme rien ne change. C'est aussi terrifiant de constater comme la propagande du Kremlin trouve encore prise en Europe, comme certains se refusent toujours à simplement admettre l'évidence : si un opposant russe gêne Poutine, le FSB s'en occupera ; et si rien n'est fait pour le protéger, le FSB le tuera.

Le FSB peut être partout, le danger aussi. L'opposition en exil n'est pas à l'abri du pire.

29

La Russie de Poutine

Après plus de vingt ans au pouvoir, le bilan de Vladimir Poutine est lourd en matière de paix, de justice et de droits de l'homme. En quatre mandats de président et un de Premier ministre, il a poussé la Russie à prendre part à cinq guerres ; la deuxième guerre de Tchétchénie en 1999, celle d'Ossétie du Sud en 2008, la guerre du Donbass en 2014, celle en Syrie en 2015 et enfin la guerre totale en Ukraine déclenchée le 24 février 2022.

Depuis sa prise de fonction, la Russie a aussi perdu 54 places au classement de l'indice de perception de la corruption de l'ONG Transparency, s'installant en 2021 à la 136e position. Elle ne devance aujourd'hui plus que des pays tels que l'Iraq, l'Afghanistan ou encore la Corée du Nord. Un recul si impressionnant que l'on a désormais coutume de dire que si seulement quatre politiciens russes sur cinq sont corrompus, c'est parce que le cinquième négocie encore son pot-de-vin.

Dès 2015, il a également débuté une répression sans limite. En sept années, le nombre de prisonniers politiques a ainsi été multiplié par six, se rapprochant à nouveau des standards de la période soviétique. Ces hommes et ces femmes, détenus dans des centres pénitentiaires et exposés à des degrés divers de violence et d'humiliation, ont été arrêtés en violation d'une ou plusieurs garanties fondamentales énoncées dans la Charte des droits de l'homme : liberté de pensée, d'expression, d'information, ou encore d'association ou de réunion.

Pour des raisons purement politiques, ils ont été privés de liberté et souvent condamnés à des peines démesurées. Outre ces prisonniers clairement identifiés grâce au travail d'ONG russes, des centaines de citoyens de la Fédération de Russie ont été, ces deux dernières années, confrontés aux intimidations du régime pour avoir participé à des manifestations, critiqué le chef de l'État ou s'être publiquement opposés à la guerre en Ukraine.

Entre janvier 2021 et février 2022, plus de 10 000 opposants à Poutine ont été interpellés. Durant les neuf premiers mois de la guerre en Ukraine, plus de 19 400 citoyens de plus ont été détenus. Et avec eux, c'est près d'un million de Russes qui ont été contraints à l'exil.

Ce bilan comme ces méthodes et leurs conséquences ne sont inconnues de personne. Force est toutefois de constater que peu encore s'en émeuvent sincèrement. L'homme a certainement besoin de temps pour saisir et admettre la réalité, délai qui permet souvent au mal de se propager, aux souffrances de se multiplier. Admettre enfin *ce qui est* : voilà pourtant la première condition au changement.

En Russie, il faut admettre que *tout a changé et que tout est comme avant* ; admettre que les actions menées depuis deux décennies par Vladimir Poutine au nom de la *restauration de l'autorité de l'État* ne servent qu'à asseoir son propre autoritarisme ; admettre que les actes démocratiques ne sont maintenus que pour la forme, qu'aucune élection ne se déroule dans des conditions démocratiques ; admettre que la Russie vaut mieux que son dirigeant, que le peuple russe mérite mieux que sa nomenklatura ; admettre enfin que l'Union soviétique n'était rien d'autre qu'un régime de terreur, et qu'il n'est que pure folie d'en vouloir *rétablir sa grandeur.*

En Russie ou ailleurs, il faut aussi admettre qu'on ne peut rien attendre d'un autocrate, qu'on ne peut pas traiter avec la corruption ; admettre que les condamnations verbales ne servent à rien, que les mots ne suffisent pas ; admettre que la vie humaine – y compris celle des Russes – vaut plus qu'un mégawattheure de gaz, qu'un baril de pétrole ou qu'une once d'acier.

30

Pour votre liberté et pour la nôtre

Je me souviens que dans le salon de mon enfance, là-bas à Voronej, était exposé un morceau de carton rouge de la taille d'un livre de poche sur lequel était inscrit en lettres capitales : « ЗА ВАШУ И НАШУ СВОБОДУ » – *pour votre liberté et pour la nôtre*. Cette petite pancarte était fatiguée, déchirée par endroits, mais bien visible ainsi punaisée au milieu du pan de mur dédié aux icônes, ainsi mis en valeur par tous les saints qui l'entouraient. À sa façon, ce bout de carton était lui aussi sacré. Il n'était pas de l'ordre du divin, mais de l'humain. Il supportait la raison de la lutte permanente, de la persistance, de la résistance des opposants politiques.

Pour votre liberté et pour la nôtre.

C'est avec ce mot d'ordre que j'ai grandi, cette idée qu'*un peuple qui en opprime un autre ne peut être un peuple libre.* Et je ne suis certainement pas la seule.

Ces dernières années, de manifestation en rassemblement, en plein cœur de Moscou ou au fin fond des campagnes délaissées, j'ai rencontré des centaines de Russes pour qui le mot « liberté » avait un sens. Pour eux, ce n'était pas un simple concept en opposition avec la vie réelle, mais du concret, une valeur essentielle à l'homme, un droit que nous méritions toutes et tous de posséder. Et pour enfin le posséder, ces Russes avaient fait le choix de la lutte. Un choix toujours difficile en Russie.

La quête de la liberté au pays de Poutine est éprouvante. L'entreprendre, c'est souvent risquer la prison ou la mort. Mais l'instinct de vie qui pousse à la révolte est chez certains et heureusement plus fort que l'instinct de survie qui maintient en soumission.

Il reste regrettable que le nombre d'opposants déclarés soit si faible en comparaison de cette masse que représente « le peuple russe » et qui, de l'extérieur, semble toujours aussi docile, aussi peu enclin à déclarer ses désaccords. Même si au fond de moi, je le comprends. Je comprends l'attitude de cette majorité, je comprends sa peur.

À son besoin de liberté s'oppose celui d'obéissance. C'est le résultat de soixante-dix ans de répressions soviétiques.

Je comprends que pour la plupart des Russes le prix à payer paraît démesuré, que le gain promis – notre liberté et celle des autres – semble abstrait. Je comprends aussi que cette misère qu'ils vivent et parviennent à surmonter leur convient.

Je les comprends, et en même temps je les maudis. Je les maudis autant que je chéris tous les opposants qui, eux, sont toujours à la lutte, tous les *soldats du bien* qui combattent et résistent encore.

Aujourd'hui, devant la passivité d'un grand nombre de mes compatriotes, devant leur indolence et leur refus de se mêler des affaires de l'État et de cette guerre en Ukraine, j'entends l'Occident se demander si ce « peuple russe » trouvera un jour prochain le courage de prendre des risques pour sa liberté et celle des autres, de reprendre sa vie en main.

Sans hésiter, j'affirme que oui, nous le trouverons.

Malgré ma condamnation et mon séjour dans ce « camp rouge », malgré toutes les répressions, les humiliations, les tortures, je crois toujours que la Russie sera un jour libre et heureuse. Et par là même, je crois que les peuples attaqués, jadis soumis et encore menacés, le seront eux aussi.

Un jour prochain, le peuple russe saisira qu'il est coupable de s'être toujours tu, d'avoir tacitement soutenu un régime destructeur. Il saisira qu'il est responsable des peines et des malheurs subis par des peuples innocents qui avaient ceci de plus que lui d'avoir déjà acquis et apprécié la liberté. Il saisira aussi qu'il est préférable de vivre brièvement que de survivre longtemps, et que la liberté n'est pas une notion abstraite, qu'elle est réelle et indispensable à tout homme. Il saisira enfin que cette liberté mérite qu'on souffre pour l'obtenir, qu'elle mérite qu'on lui consacre et sacrifie sa vie.

En Russie, les opposants ne sont pas des victimes. Ils ne sont pas non plus des héros. Ce sont de simples hommes et femmes qui en conservant leur dignité ont découvert la liberté et qui se battent pour que les autres la trouvent ou la retrouvent.

Pour votre liberté et pour la nôtre. Un jour prochain, la Russie sera libre et heureuse.

Retrouvez toute l'actualité des éditions Albin Michel
sur notre site albin-michel.fr
et suivez-nous sur les réseaux sociaux !
Instagram : editionsalbinmichel
Facebook : Éditions Albin Michel
Twitter : AlbinMichel

Composition : Nord Compo
Impression : CPI Bussière en février 2023
Éditions Albin Michel
22, rue Huyghens, 75014 Paris
www.albin-michel.fr
ISBN : 978-2-226-48076-7
N° d'édition : 25293/01 – N° d'impression : 2069639
Dépôt légal : mars 2023
Imprimé en France